Clarice Lispector
Uma Poética do Olhar

Estudos Literários 1

REGINA LÚCIA PONTIERI

Clarice Lispector
Uma Poética do Olhar

Ateliê Editorial

Copyright © 1999 Regina Lúcia Pontieri

Direitos reservados e protegidos pela Lei 9.610
de 19 de fevereiro de 1998.
É proibida a reprodução total ou parcial
sem a autorização, por escrito, da editora.

1ª edição – 1999
2ª edição – 2001

ISBN – 85-85851-85-6

Direitos reservados à
ATELIÊ EDITORIAL
Rua Manoel Pereira Leite, 15
06709-280 – Granja Viana – Cotia – SP
Telefax: (11) 4612-9666
www.atelie.com.br
atelie_editorial@uol.com.br
2001

Printed in Brazil
Foi feito depósito legal

Agradecimentos

Este livro se origina de uma Tese de Doutorado em Teoria Literária e Literatura Comparada, defendida na Faculdade de Filosofia, Letras e Ciências Humanas da Universidade de São Paulo, em abril de 1994.

Devo à Coordenação de Aperfeiçoamento de Pessoal de Nível Superior (CAPES) o financiamento de sua edição e ao Departamento de Teoria Literária e Literatura Comparada da FFLCH – USP, o apoio para fazê-lo. Devo ainda aos companheiros de trabalho – professores, colegas, alunos e funcionários – a viabilização do projeto.

Aos que leram este ensaio e deram sugestões importantes, muito agradeço. Antes de todos, Teresa Pires Vara, orientadora de tese. E ainda: Berta Waldman, Davi Arrigucci Junior, Iná Camargo Costa, Joaquim Alves de Aguiar, Ligia Chiappini M. Leite, Nádia Gotlib e Vilma Arêas.

Agradeço em especial, por apoio de vários tipos, a Cleusa Rios P. Passos, Sandra Nitrini e Eduardo Lima com quem compartilho, além do interesse pela Literatura, os valores humanos – que são os fundamentais.

Finalmente, mais que um agradecimento, uma dedicatória: a Marina, por quem os esforços valem a pena.

Sumário

Agradecimentos   7

Introdução   13

1.   Infortúnios de uma Cidade   37

2.   No Princípio Era o Verbo-carne   87

3.   O Espaço Redescoberto   109

4.   Videntes e Visíveis   143

5.   O Mundo Indireto   187

6.   Olho o Ovo   207

Bibliografia   225

Para a elaboração deste trabalho foram consultadas as seguintes edições das obras de Clarice Lispector:

- *Perto do Coração Selvagem*. 5ª ed. José Olympio, 1974, Rio de Janeiro (1ª ed. A Noite, 1944).
- *O Lustre*. 5ª ed. Rio de Janeiro, Nova Fronteira, 1982 (1ª ed. Agir, 1946).
- *A Cidade Sitiada*. 5ª ed. Rio de Janeiro, Nova Fronteira, 1982 (1ª ed. A Noite, 1946).
- *Alguns Contos*. Rio de Janeiro, Ministério da Educação e Saúde, 1952, Cadernos de Cultura.
- *Laços de Família*. 5ª ed. Rio de Janeiro, Sabiá, 1973 (1ª ed. Francisco Alves, 1960).
- *A Maçã no Escuro*. 3ª ed. Rio de Janeiro, José Alvaro Ed., 1970 (1ª ed. Francisco Alves, 1961).
- *A Paixão Segundo G.H.*, edição crítica UNESCO. Coord. Benedito Nunes. Paris, Association Archives de la littérature latino-américaine, des Caraïbes et africaine du XXᵉ siècle; Brasília, DF, CNPq, 1988 (1ª ed. Ed. Do Autor, 1964).
- *A Legião Estrangeira*. 1ª ed. Rio de Janeiro, Editora do Autor, 1964.

CLARICE LISPECTOR: UMA POÉTICA DO OLHAR

- *O Mistério do Coelho Pensante*. 7ª ed. Rio de Janeiro, Rocco, 1987 (1ª ed. José Alvaro, 1967).
- *Uma Aprendizagem ou o Livro dos Prazeres*. 4ª ed. Rio de Janeiro, José Olympio, 1974 (1ª ed. Sabiá, 1969).
- *A Mulher que Matou os Peixes*. 9ª ed. Rio de Janeiro, Nova Fronteira, 1983 (1ª ed. Sabiá, 1969).
- *Felicidade Clandestina*. Rio de Janeiro, Sabiá, 1971.
- *Agua Viva*. Rio de Janeiro, Artenova, 1973.
- *A Via-crucis do Corpo*. Rio de Janeiro, Nova Fronteira, 1984 (1ª ed. Artenova, 1974).
- *Onde Estivestes de Noite*. 3ª ed. Rio de Janeiro, Nova Fronteira, 1980 (1ª ed. Artenova, 1974).
- *A Vida Íntima de Laura*. Rio de Janeiro, José Olympio, 1974.
- *De Corpo Inteiro*. São Paulo, Siciliano, 1992 (1ª ed. Artenova, 1975).
- *Visão do Esplendor*. Rio de Janeiro, Francisco Alves, 1975.
- *A Hora da Estrela*. 7ª ed. Rio de Janeiro, Nova Fronteira, 1984 (1ª ed. J.Olympio, 1977).
- *Um Sopro de Vida*. 6ª ed. Rio de Janeiro, Nova Fronteira, 1985 (1ª ed. Nova Fronteira, 1978).
- *A Bela e a Fera*. Rio de Janeiro, Nova Fronteira, 1979.
- *A Descoberta do Mundo*. Rio de Janeiro, Nova Fronteira, 1984.

Tendo em vista essas indicações, as notas de rodapé fornecerão apenas título e página da obra citada.

Introdução

◆

> *... há vários modos que significam ver: um olhar o outro sem vê-lo, um possuir o outro, um comer o outro, um apenas estar num canto e o outro estar ali também: tudo isso significa ver. A barata não me via diretamente, ela estava comigo. A barata não me via com os olhos mas com o corpo.*
>
> *A Paixão Segundo G.H.*

A Cidade Sitiada, terceiro romance de Clarice Lispector, foi escrito durante sua permanência em Berna, de 1946 a 1949 e publicado nesse último ano. Sobre a obra, a escritora viria posteriormente a se manifestar de diversas formas. Por exemplo, no trecho transcrito a seguir, que faz parte do artigo "Lembrança de uma Fonte, de uma Cidade", publicado no *Jornal do Brasil*, em 14 de fevereiro de 1970. Nele ressurge com grande vigor a Clarice pintora, refinada criadora de imagens visuais de intensa beleza. Nele se pode perceber o eco distante do singular modo clariciano de ver o mundo que o inverno de Berna, a fixidez da estátua e o lago gelado onde pousava, haviam ajudado a configurar:

> Na Suíça, em Berna, eu morava na Gerechtigkeitgasse, isto é, Rua da Justiça. Diante de minha casa, na rua, estava a estátua em cores, segurando a balança. Em torno, reis esmagados pedindo talvez uma exceção. No inverno, o pequeno lago no centro do qual estava a estátua, no inverno a

água gelada, às vezes quebradiça de fino gelo. Na primavera gerânios vermelhos. As corolas debruçavam-se na água e, balança equilibrada, na água suas sombras vermelhas ressurgiam. Qual das duas imagens era em verdade o gerânio? igual distância, perspectiva certa, silêncio da perfeição. E a rua ainda medieval: eu morava na parte antiga da cidade. O que me salvou da monotonia de Berna foi viver na Idade Média, foi esperar que a neve parasse e os gerânios vermelhos de novo se refletissem na água, foi ter um filho que lá nasceu, foi ter escrito um de meus livros menos gostado, *A Cidade Sitiada*, no entanto relendo-o pessoas passam a gostar dele; minha gratidão a esse livro é enorme: o esforço de escrevê-lo me ocupava, salvava-me daquele silêncio aterrador das ruas de Berna, e quando terminei o último capítulo, fui para o hospital dar à luz o menino[1].

O romance que se engendrava na Berna do silêncio aterrador seria aberto com a imagem de captura de um instante de imobilidade: "O povo pareceu ouvir um momento o espaço... o estandarte na mão de um anjo imobilizou-se estremecendo"[2]. Tremor imobilizado, balança em equilíbrio sempre precário, reflexo e real no instante fugaz de conjunção. Esse – o olhar da escritora-pintora[3] vivendo e vendo Berna, (d)escrevendo e pintando uma cidade que se chamaria S. Geraldo.

Do ponto de vista da Clarice Lispector, mulher de diplomata de carreira, afastada da família e amigos do Rio de Janeiro, há outra dimensão a mencionar. Uma carta datada de início da residência em Berna começa dizendo que "a cidade é de um silêncio

1. *A Descoberta do Mundo*, pp. 411-412.
2. *A Cidade Sitiada*, p. 9.
3. A pintura em sentido estrito começa a fazer parte da atividade de Clarice somente na década de 70. Entretanto o trabalho descritivo de *A Cidade Sitiada* e de outras obras mostra a importância que tem para ela o pictórico em sentido amplo. Além disso, seu interesse por pintura e pintores se manifesta em ocasiões diversas, registradas em geral nas crônicas do *Jornal do Brasil*, reunidas em *A Descoberta do Mundo*.

INTRODUÇÃO

terrível: as pessoas também são silenciosas e riem pouco"[4]. E então vem a confissão dolorosa do isolamento, do sentimento de ser estrangeira no mundo: "É engraçado que pensando bem não há um verdadeiro lugar para se viver. Tudo é terra dos outros, onde os outros estão contentes"[5].

A seqüência das cartas dessa época deixa ver o paulatino afundar-se num denso nevoeiro de melancolia que – embora anteriormente mencionado durante curta permanência em Florença, em fins de 1945 – atinge na cidade suíça seu momento de maior intensidade. A experiência dilacerante de desenraizamento e de vida estilhaçada – Clarice abandonara seu país, família, amigos e emprego – cruza-se e se afina com a da escritura, então se fazendo em ritmo penoso, no mesmo ritmo da penosa vida em Berna que ela define como "um cemitério de sensações"[6].

Maio de 1946 parece ser um período de aguçamento da crise – na vida e na escritura, fortemente ligadas.

A última verdadeira linha que escrevi foi encerrando em Nápoles *O Lustre*, que estava pronto no Brasil. Desde então, não tenho cabeça para mais nada, tudo que faço é um esforço, minha apatia é tão grande, passo meses sem olhar sequer meu trabalho, leio mal, faço tudo na ponta dos dedos, sem me misturar a nada. [...] ... fico surpreendida em notar que tenho o que se chama "caráter fraco" ... [...] ... eu sonho acordada, mesmo como uma mocinha de quinze anos. É o que se chama de sonho estéril. [...] ... eu sempre fui assim, difícil, melancólica?[7]

4. Parte da correspondência de Clarice com a família foi publicada por Olga Borelli em *Clarice Lispector: Esboço para um Possível Retrato*, 2ª ed. Rio de Janeiro, Nova Fronteira, 1981. A citação relativa a esta nota está na p. 110 e se refere à carta de 29.4.1946.

5. *Idem*, p. 111, carta de 5.5.1946.

6. *Idem*, p. 117, carta de 8.5.1946.

7. *Idem*, pp. 118-119, carta de 8.5.1946.

CLARICE LISPECTOR: UMA POÉTICA DO OLHAR

A mocinha de quinze anos seria talvez Lucrécia Neves, estátua que na S. Geraldo-Berna sonha em estado de vigília e vigia enquanto dorme. A história desse mergulho no torpor de pesadelo de uma realidade fantasmal terminaria em nova vida: o filho, o livro. Aquele, nascido em 1948; este, publicado no ano seguinte[8].

Entretanto, mesmo em circunstâncias adversas, Clarice demonstrava lucidez ao discutir problemas de técnica e de construção, ora explicando ou justificando determinados aspectos, ora se comprometendo a alterar outros. Respondendo à irmã, que julgava desnecessário o capítulo 11, "Os Primeiros Desertores", argumentava que "a ligação de Perseu com o resto, é que ele não precisava, como Lucrécia, de procurar a realidade, ele fazia parte da verdade. [...] Perseu era o que Lucrécia não conseguiu ser"[9]. Ao mesmo tempo, porém, algumas vezes se tornava bastante difícil ter uma visão distanciada e equilibrada, não só do livro em elaboração como dos dois publicados anteriormente. Sobre aquele, dizia achá-lo "horrível" e acrescentava, a respeito dos anteriores: "Como tive coragem de publicar os outros dois? não sei nem como me perdoar a inconsciência de escrever"[10]. Pela época, os críticos brasileiros começavam a se manifestar sobre seus primeiros romances. E Clarice se mostrava sempre preocupada com essa re-

---

8. Há muita confusão de datas, no referente à vida de Clarice. Talvez a mais gritante seja a do ano de seu nascimento, por muitos tido como 1925 e que Claire Varin mostrou ser 1920. No caso do nascimento de Pedro, a "Cronologia" anexa à edição crítica de *A Paixão Segundo G.H.* indica 1949. Mas a revista *Remate de Males* estampa o cartão em que os Gurgel Valente participavam o nascimento do filho, em 10.9.1948. Cf. *Remate de Males* n. 9. Revista do Depto. de Teoria Literária do IEL- UNICAMP. Campinas, 1989, p. 225; número organizado por Vilma Arêas e Berta Waldman.

9. *Clarice Lispector: Esboço para um Possível Retrato*, p. 136, carta de 6.7.1948.

10. *Idem*, p. 119, carta de 8.5.1946.

INTRODUÇÃO

cepção. Basta lembrar como a abatera a crítica de *Perto do Coração Selvagem* que Álvaro Lins fizera em 1944. Ou a perplexidade diante do silêncio com que *O Lustre* fora recebido no Brasil[11].

Passados vinte e um anos da publicação de *A Cidade Sitiada*, Clarice novamente falaria do livro, noutro artigo do *Jornal do Brasil*, publicado em seguida ao anteriormente mencionado, em 21 de fevereiro de 1970. Desfrutando então não só da distância temporal como da continuidade de um fazer e um conhecimento artísticos adensando-se cada vez mais, seu tom seria inteiramente outro, diferença que não se poderia creditar somente à mudança de interlocutores: antes escrevia à irmã, depois responderia a um leitor. Na resposta a este, o grau de certeza das afirmações era grande se comparado com as hesitações das cartas de Berna. Dizia-se espantada com o fato de um crítico não perceber "os motivos maiores" de seu livro. E apontava como falta de visão considerar jogo verbal suas palavras e frases, já que a intenção seria dizer essencialmente alguma coisa: "Continuo a considerar minhas palavras como sendo nuas".

A crônica traria a reflexão mais aprofundada e articulada da autora sobre a obra. Por exemplo, Lucrécia seria considerada como alguém

[...] sem as armas da inteligência, que aspira, no entanto, a essa espécie de integridade espiritual de um cavalo, que não "reparte" o que vê, que não tem uma "visão vocabular" ou mental das coisas, que não sente a necessidade de completar a impressão com a expressão – cavalo em que há o milagre de a impressão ser total – tal [sic] real – que nele a impressão já é a expressão.

Clarice apontaria ainda um aspecto nuclear da obra:

---

11. *Idem*, p. 115, carta de 8.5.1946.

CLARICE LISPECTOR: UMA POÉTICA DO OLHAR

[...] a visão [...] altera a realidade, construindo-a. Uma casa não é construída apenas com pedras, cimento, etc. O modo de olhar de um homem também a constrói[12].

De fato, como se verá depois, *A Cidade Sitiada* é um dos mais importantes momentos de constituição da poética do olhar que atravessa a Obra clariciana. Poética de feição singular, em tudo oposta àquelas em que à visão caberia descobrir, sob a aparência tida como falsa, a realidade, tida como verdadeira. Para Lucrécia, ao contrário, as coisas vistas "pareciam só desejar: aparecer – e nada mais"; e isso porque "a aparência era a realidade"[13]. Por onde se poderia pensar numa proximidade entre o olhar fenomenológico de Clarice e o dos novos romancistas franceses, cujas propostas de renovação novelesca apareceriam na década seguinte à da permanência de Clarice em Berna[14]. Por exemplo, no ensaio "Um Caminho para o Romance Futuro", de 1956, Alain Robbe-Grillet julgaria ser "a derrubada dos velhos mitos da 'profundidade', o elemento propriamente novo do romance contemporâneo seu"[15].

Não se poderiam negar semelhanças técnicas entre *A Cidade Sitiada* e, por exemplo, *O Ciúme*[16], do citado novo-romancista. Em ambos, assiste-se a um longo, minucioso e recorrente passeio des-

12. *A Descoberta do Mundo*, p. 416.
13. *A Cidade Sitiada*, p. 89.
14. Sandra M. Nitrini, *Poéticas em Confronto: Nove, Novena e o Novo Romance*, São Paulo, HUCITEC; Brasília, INL, 1987, p. 39. Segundo conta Clarice, depois da leitura da versão francesa de *Perto do Coração Selvagem*, Robbe-Grillet passou a ver nela "uma das nossas". A escritora porém, agindo neste como em outros casos, recusou o parentesco. Maryvonne Lapouge e Clelia Pisa, *Brésiliennes*, Paris, des Femmes, 1977, p. 198.
15. *Por um Novo Romance*, trad. Teixeira Coelho Netto, São Paulo, Documentos, 1969, p. 18.
16. Alain Robbe-Grillet, *O Ciúme*, trad. Waltensir Dutra, Rio de Janeiro, Nova Fronteira, 1986.

INTRODUÇÃO

critivo do olhar sobre a superfície visível, olhar que nada procura por detrás, apenas enfatiza o estar-aí das coisas. Porém seguramente as diferenças são mais decisivas do que as semelhanças. A começar da postura dos dois escritores diante da arte que elaboram. A ficção de Robbe-Grillet manifesta um tal grau de consciência artesanal que a intuição aí pouco parece ter a dizer[17]. Não é casual que sua novelística seja acompanhada por ensaios que buscam explicitá-la teoricamente. Em Clarice, ao contrário, é notória a recusa de fazer qualquer tipo de elaboração teórica sobre a obra, traço vinculado a outro, que também a distingue do romancista francês: o grande papel da intuição, ou de planos de consciência mais ou menos difusa, na gênese de seu trabalho.

Outro aspecto parece distingui-los mais definitivamente. Ao procurar para a literatura a liberdade da objetividade – entendida como "impessoalidade total do olhar" – Robbe-Grillet rechaça as "franjas de cultura (psicologia, moral, metafísica, etc.)"[18] que, ao serem acrescentadas às coisas, torná-las-iam menos estranhas, mais tranqüilizadoras. No que se refere a Clarice, a impessoalidade é um modo de ser incessantemente procurado, mas como corolário de uma busca mais ampla, de tipo místico-metafísico, que Grillet seguramente recusaria. Na esteira dessa diferença se poderia ver a singularidade de *A Cidade Sitiada*. Aí o olhar – tanto da narradora como da personagem – que institui o mundo e seus objetos tende também muitas vezes a ser impessoal, como se verá melhor depois. Mas só na medida em que a meta principal é o deslocamento da ênfase do sujeito que olha para o objeto do olhar. E assim obter tal efeito de promiscuidade entre ambos que se dilua a relação de oposição exclusiva, em favor de uma relação de integração.

17. Sandra M. Nitrini, *Poéticas em Confronto: Nove, Novena e o Novo Romance*, cit., p. 65.

18. *Por um Novo Romance*, cit. p. 15.

Para compreender aquele deslocamento, é preciso ter em vista o projeto clariciano de destruição de uma certa concepção de sujeito, da qual decorre a de objeto. E aqui recorro ao ensaio de Marilena Chauí, "A Destruição da Subjetividade na Filosofia Contemporânea", que historia o questionamento daquela concepção, vinculada ao *cogito* cartesiano, questionamento levado a cabo por vários pensadores neste século.

Seja como aquilo que a Psicologia denomina *ego*, significando a capacidade da consciência no sentido de unificar as experiências e manter a identidade, através da sucessão temporal e da dispersão espacial. Seja como o que a Filosofia denomina *sujeito* – poder de representação dos objetos exteriores e dos estados interiores, dando-lhes ordem e significação; atividade que reconhece e que produz a partir de si mesma o sentido do real. Seja como capacidade deliberativa e decisória, a que a Moral dá o nome de *pessoa*. Em qualquer uma dessas acepções, o sujeito cartesiano é uma função de síntese, "um poder totalizador que se debruça sobre si mesmo, sobre os objetos, e sobre os outros homens para determinar, isto é, decidir, seu sentido"[19]. O sujeito adquire tal poder sobre a realidade que se torna capaz de "instaurar a própria objetividade", que acaba não sendo nada mais do que o "conjunto de operações realizadas pelo Sujeito a fim de determinar completamente um objeto". Fica, assim pressuposta a "separação entre Sujeito e Objeto, como termos independentes", além de exteriores um ao outro[20].

Em Clarice, ao contrário, sujeito e objeto, retomados em distintas polaridades (eu/mundo, espírito/corpo) são verso e reverso da mesma realidade, donde a busca de integração, dando-se juntamente com a consciência da separação. Nesse sentido integrativo

19. Marilena Chauí, "A Destruição da Subjetividade na Filosofia Contemporânea", *Jornal de Psicanálise*, Ano 8, n. 21, 1976, p. 30.

20. *Idem*, p. 32.

INTRODUÇÃO

aliás, a metafísica clariciana inverte o itinerário tradicional da ascese mística, pois sua *religiosidade* não propõe o abandono do corpo em favor da *unio mystica* da alma com a divindade. A decorrência é outro traço diferencial de sua poética do olhar no confronto com a dos novos romancistas. Trata-se da concomitante integração, pela via da reversibilidade, de outra parelha – olhos/boca – vinculada com a anterior, por um complexo cultural de significações que relaciona com os olhos, as atividades do espírito – os olhos são as "janelas da alma"[21]. E que leva a ver os demais modos de percepção, sobretudo tato e paladar, como *menos espirituais*, mais *corporais*. Assim, Clarice configura sua poética do olhar como atividade reversível entre visão e paladar, como ato de *comer com os olhos* e *olhar com a boca*. Como o faz explicitamente G.H., nisso retomando de modo mais conseqüente a atuação de outras personagens claricianas. Por exemplo e para ficar no âmbito das obras mais referidas aqui, citem-se Efigênia, Perseu, Lucrécia, de *A Cidade Sitiada*; e a dona de casa, de "O Ovo e a Galinha".

Aí me parece residir a grande diferença entre a empresa de Clarice e não só a dos novos romancistas como também a do Sartre de *A Náusea*, obra que tem servido de base para comparações entre o filósofo-escritor francês e a ficcionista brasileira[22]. Clarice não se contenta com olhar insistente e atentamente o mundo: quer comê-

21. Para a questão do privilégio que desde os gregos se confere à visão na construção do pensamento sobre o mundo, ver "Fenomenologia do Olhar", de Alfredo Bosi; "Janela da Alma, Espelho do Mundo", de Marilena Chauí; e "Sombra e Luz em Platão", de Gerard Lebrun. em *O Olhar*, São Paulo, Companhia das Letras, 1988.

22. Comentando *A Paixão Segundo G.H.*, Benedito Nunes diz que o "valor da náusea em Clarice remete-nos a uma atitude perante as coisas e o ser em geral, que difere da sartreana" pois "a perspectiva mística suplanta a existencial inerente à temática da obra". *O Drama da Linguagem – Uma Leitura de Clarice Lispector*, São Paulo, Ática, 1989, p. 101.

lo, como modo radical de a ele se entregar. Ver o outro, diz G.H., pode significar "comer o outro". Talvez esse aspecto seja o fundamental para distinguir na experiência clariciana a capacidade de efetivamente destituir o olhar cartesiano de sobrevôo[23], fato que não parece ocorrer com a mesma radicalidade nos citados franceses. A análise que se desenvolverá nos próximos capítulos tem em vista, entre outras coisas, esclarecer a natureza peculiar da atividade do olhar principalmente como aparece no âmbito restrito de uma obra. Mas de modo a sugerir sua natureza e função no conjunto da Obra.

Ressalte-se ainda que, ao se afirmar que Clarice busca a integração das aludidas polaridades, não se quer com isso significar um convívio estabelecido em bases harmônicas. Ao contrário, se a dissonância e não a harmonia é uma das marcas fortes da escritura de Clarice, isso parece se dever a um projeto de integração fazendo-se como co-presença dilacerada de elementos antagônicos. Angela Pralini, um dos avatares de Clarice, assim manifesta a consciência do dilaceramento:

> Vivo numa dualidade dilacerante. Eu tenho uma aparente liberdade mas estou presa dentro de mim. Eu queria uma liberdade olímpica. Mas essa liberdade só é concedida aos seres imateriais. Enquanto eu tiver corpo ele me submeterá às suas exigências[24].

Conviver com o antagonismo parece ser o procedimento que torna possível não só impedir a exclusão e a redução de um dos

---

23. Merleau-Ponty se refere à substituição, feita por Descartes, da visão e da sensação, pelo pensamento de ver e de sentir. A isso se vincula um pensamento que "substitui nossa pertencença ao mundo por um sobrevôo do mundo". *O Visível e o Invisível*, 2ª ed., trad. José A. Gianotti e Armando M. d'Oliveira,São Paulo, Perspectiva, 1984, p. 45.

24. *Um Sopro de Vida*, p. 55.

INTRODUÇÃO

lados ao outro; mas também mostrar que no fundo de sua diferença está a raiz que os sustenta num solo comum.

———◆———

A leitura de *A Cidade Sitiada* que se fará a seguir procura caracterizá-la como um momento particularmente relevante para a constituição de uma poética do olhar, em Clarice Lispector. Pretende-se mostrar que nessa obra vem para primeiro plano a atividade visual construindo o mundo como exterioridade visível, como extensão. Isto é, enquanto corpo, na qualidade de *outro* do espírito, alteridade a ser integrada e não excluída[25]. A epígrafe desta introdução, citação de *A Paixão Segundo G. H.*, mostra claramente o modo como se relacionam o ato de ver e seu correlato, o outro.

A forma como se constrói a seqüência de significações atribuídas à visão parece, à primeira vista, manter a concepção cartesiana de um sujeito vidente (o "um" que olha sem ver, que possui etc.) substancialmente diverso do objeto visto e ao qual se impõe (o "outro" que é possuído, comido, que está ali etc.). Uma leitura mais atenta mostra, entretanto, outra coisa. Primeiro, que os semas *possuir* e *comer*, ao anularem a distância entre os pólos, impedem o fechamento de cada um em si mesmo. Em seguida, que no lugar onde supostamente deveria estar um sujeito (isto é, um *cogito*), encontra-se a barata; e no lugar do objeto da visão está um *eu*: "A *barata* não *me* via diretamente, *ela* estava *comigo*" (grifos meus).

Assim, mais do que em *sujeito* e *objeto* seria correto pensar, com Merleau-Ponty, em *vidente* e *visível*, graças ao cruzamento e reversibilidade que definem as relações entre ambos. *A Cidade*

---

25. A noção de *outro* empregada neste trabalho significa não só o oposto de uma dada polaridade, mas também o lugar da exclusão. Entretanto, indica também, na acepção de Merleau-Ponty e Lacan, o conceito de exterioridade. Essa acepção aparecerá adiante, ainda nesta introdução, em citação de Merleau-Ponty, à p. 29.

Sitiada significaria o momento, fundamental para a experiência em questão, em que o *objeto* (a cidade, a casa, os cavalos, a flor, a estátua; mas também Lucrécia, Perseu e Efigênia apreendidos como visíveis) fica mais em evidência do que o *sujeito*, uma vez que se trata basicamente da construção de um campo de visibilidades, que traz a exterioridade para primeiro plano.

Dada a mencionada opção por ver o romance de 1949 como figura contra o fundo da Obra da escritora – do ponto de vista da construção de uma poética do olhar –, a análise interna procurará enfatizar os aspectos mais relevantes para o tema, contrastando-os com outras obras, além de *A Paixão Segundo G.H.* Nessa medida, tornou-se necessário fincar pé em determinadas afirmações da crítica de Clarice, referentes ao papel desempenhado por cada trabalho dentro do conjunto maior. Benedito Nunes fala de uma totalidade narrativa única, cada obra sendo a parte a imprimir ao todo a feição de multiplicidade[26]. E Roberto Correa dos Santos entende que há uma só Obra com várias retomadas, cada qual rompendo com a(s) anterior(es).

Correa dos Santos, além disso, recusa a organização linear das obras, bem como sua individualidade enquanto corolário da idéia de que a seqüência registraria o amadurecimento da autora. Entende que o aprendizado significa não o percurso progressivo de etapas ao fim do qual se atingiria um grau máximo; mas sim, "ensaiar, avaliar, fracassar, refazer: abrir vários começos"[27]. Tais formulações se aparentam com a percepção comum a outros críticos[28] – segundo a qual a Obra de Clarice opera na verticalidade,

---

26. *O Drama da Linguagem*, cit., p.15.

27. *Clarice Lispector*, São Paulo, Atual, 1986, série Lendo, pp. 73-75.

28. É o caso de Lúcia Helena em "O Discurso do Silêncio", *O Estado de S. Paulo*, Suplemento Literário, 11.8.1974, p. 3. E de José Américo Pessanha em "Clarice Lispector: O Itinerário da Paixão", *Remate de Males*, cit., p. 181.

INTRODUÇÃO

por adensamento, e não horizontalmente, numa seqüência de obras fechadas em sua individualidade.

Pretende-se, como se disse, identificar *A Cidade Sitiada* como um dos lances desse adensamento, avaliando-a de modo diferente do que têm feito alguns críticos, que nela não vêem acréscimo ao trabalho anterior da escritora. Busca-se mostrar que, ao contrário, esse romance acrescenta aos que o antecedem o movimento que faltava para que se completasse um primeiro circuito de experiência de escritura, construindo uma visão particular dos conceitos de sujeito e objeto, bem como de sua relação de alteridade. Visão que procura salvar o objeto, tido como *outro*, do lugar de exclusão onde a cultura o tem sistematicamente colocado, qualquer que seja sua forma de manifestação.

Tal circuito se abre, em *Perto do Coração Selvagem*, focalizando a realidade ficcional a partir do pólo de uma subjetividade que desde essa obra já possui dimensão particular, não sendo o eu visto como entidade encerrada em si, mas aberta a desdobramentos que o fazem se ver no e através do mundo. Ainda assim, o romance de estréia recorre ao monólogo interior e a um tipo de narrador próximo à consciência da personagem, o que acaba por dar ênfase ao sujeito, enquanto consciência rememorante, imaginante ou reflexiva.

O Lustre significa para esse percurso circular um momento de continuidade e ruptura. Continuidade do enfoque no sujeito. Ruptura porque Virgínia, a personagem a partir da qual a realidade ficcional se constrói, já não tem fortes características próprias como ocorre em *Perto do Coração Selvagem* com Joana. A heroína de *O Lustre* é caracterizada, desde o início, como alguém de contorno indefinido: "Ela seria fluida durante toda a vida"[29]. Joana, por sua vez, é personagem de traços mais firmes. O que a torna menos distante dos caracteres do romance realista de tipo tradicional; e o

---

29. *O Lustre*, p. 7.

que permite que sua história possa ser vista como o relato da formação de uma artista. Virgínia está mais próxima das *impessoas* que contracenam com Joana e que lhe servem de contraponto à *pessoalidade*. Por exemplo, a *impessoa* de Lídia, uma espécie de Joana pelo avesso: sem inteligência, sem voz, representante do feminino adaptado ao destino biológico corporal de reprodutora da espécie. Que Virgínia está próxima das dessa estirpe, mostra-o entre outros sua dependência constante do homem, irmão ou amante. O mesmo que acontece com Lídia e o avesso do que sucede com Joana.

Em *A Cidade Sitiada* o circuito se perfaz pela subida à cena de personagens que chamam a atenção pela forte aderência ao mundo e pela identificação com o plano do objeto (coisas, animais, vegetais), o que tem conseqüência para a feição própria da obra. Se agora é o mundo que se manifesta – emblematizado pela cidade, elemento nuclear desde o título –, o espaço como campo de visibilidade vem para o primeiro plano. E tinge com suas características os demais elementos. O tempo se espacializa e as personagens, elas também, são "espaço corporal"[30]: mostram-se ou como lugar especular através de que o mundo e as coisas se tornam visíveis, ou elas próprias como objetos visíveis. Além disso, o predomínio da técnica descritiva, integrada a um tecido imagético de apelo fortemente visual, contribui de modo decisivo para distender o discurso ficcional no espaço.

É necessário entretanto esclarecer melhor uma questão fundamental tanto para as reflexões anteriores como para as que se seguem. Em *A Cidade Sitiada*, a polaridade eu/mundo, que retoma o par sujeito/objeto, dá destaque para o plano do mundo. Mas dentro de uma dinâmica integrativa tal que, como em outras obras serão outros os elementos postos na luz ou deixados na sombra, o equilí-

---

30. A expressão é de Merleau-Ponty, na *Fenomenologia da Percepção,* trad. Reginaldo di Piero, Rio de Janeiro, Freitas Bastos, 1971, p. 112.

INTRODUÇÃO

brio geral de todos os opostos parece ser perceptível, com mais clareza, no nível do conjunto das obras. Pois cada uma, enquanto particularidade, tende a erigir como dominante um ou alguns dos pólos de um determinado par de opostos. Nessa dinâmica, ficam à sombra o(s) outro(s) elementos da polaridade, sem que isso implique sua disjunção. Justamente porque a busca de uma forma mais complexa de integração parece se fazer na totalidade da Obra. Em suma, no conjunto das obras, cada qual feita de equilíbrios precários entre dualidades que convivem e se alimentam, o equilíbrio geral talvez fosse com mais rigor formulável através das palavras de Angela Pralini, quando fala de "um desequilíbrio equilibrado assim como uma gangorra que ora está no alto ora está no baixo. E o desequilíbrio da gangorra é exatamente o seu equilíbrio"[31].

Assim, do fato de que em *A Cidade Sitiada* o mundo enquanto corpo visível seja posto em destaque não se deverá deduzir que o pólo da subjetividade desapareça. Ocorre que, na esteira da mudança da concepção de sujeito – que vem acontecendo desde as primeiras obras da escritora – muda também sua relação com o mundo. A dimensão de subjetividade que Lucrécia ganha aos poucos e que atinge o clímax no capítulo 10 (na forma de uma consciência reflexiva bastante incipiente), não altera basicamente sua pesada pertinência à esfera da animalidade como entidade eminentemente corporal. Ou seja: mesmo havendo momentos em que atua a consciência imaginante ou rememorante (sempre muito próxima da percepção imediata, aliás), é tal sua aderência ao mundo – às coisas vistas, ao corpo, à animalidade –, que já não se pode mais pensar num *sujeito*, à moda de Descartes. Na fórmula de G.H., como se viu, o ato de ver compreende e é compreendido pelo outro. A relação de alteridade não é unívoca mas reversível.

31. *Um Sopro de Vida*, p. 55.

CLARICE LISPECTOR: UMA POÉTICA DO OLHAR

Clarice tematiza em sua Obra muitas das formas que o outro – como inferior e excluído – tem tomado em nossa cultura. A mulher, o animal, o pobre, o louco, o primitivo, o intuitivo[32]. Pequena-Flor, a anã africana: mulher, negra, não-européia, não-civilizada, vivendo próxima da animalidade. A *louca* Laura: não-inteligente, retornando de e voltando para a experiência de mergulho na alteridade do inconsciente[33]. A outra Laura, a galinha de *A Vida Íntima de Laura* que, no plano da animalidade, retoma de sua xará mulher a marca da estupidez de tantas fêmeas claricianas. E, no fim do percurso, Macabéa – a nordestina pobre: não-branca, não-inteligente, não-detentora de linguagem.

A elas, muitas vezes se juntam homens deslocados da posição que culturalmente exercem como pólo positivo da relação de oposição. Para isso é suficiente, por exemplo, que se excluam da lei: Martim, de *A Maçã no Escuro*, e o professor, de "O Crime do Professor de Matemática", devem primeiro cometer um (mesmo que

---

32. Todorov descreve detalhadamente, com base em documentos de época, as figurações do outro construídas pelos espanhóis por ocasião da descoberta do continente americano. Aí se encontram polaridades várias: espanhol/índio, adulto (pai)/criança (filho); homem (esposo)/mulher (esposa); humano/animal; alma/corpo; razão/apetite, bem/mal, espírito/matéria. Às quais se poderia acrescentar rico/pobre, são/louco, civilizado/primitivo etc. *A Conquista da América – A Questão do Outro*, 3ª ed., trad. Beatriz Perrone Moisés, São Paulo, Martins Fontes, 1991, pp. 148-151. Marilena Chauí mostra que a rigor esse processo de construção do outro, como o inferior a ser excluído, está já na Grécia que vê nos bárbaros os "não-helenos". Em conseqüência, "bárbaro" toma o sentido de confuso, incompreensível, grosseiro e rude. Como também não vivem sob uma organização política, pois se submetem à autoridade pessoal de um rei, os bárbaros não seriam homens livres mas escravos (e escravizáveis) por natureza. "Racismo e Cultura" – Aula inaugural da FFLCH-USP, Ano letivo de 1993, p. 5.

33. Pequena Flor é a personagem central de "A Menor Mulher do Mundo"; e Laura, de "A Imitação da Rosa". Ambos em *Laços de Família*.

INTRODUÇÃO

suposto) crime que os instale na marginalidade, para então, através dessa alteridade, reconstruírem sua identidade[34].

Essa legião de avatares do outro parece servir para evidenciar, como se mencionou, a busca sistemática de apagamento de fronteiras entre os pólos, apagamento que não os anula mas os faz coexistir. Reconstrói-se a alteridade não como aquilo que se exclui ou recalca mas, ao contrário, como condição de possibilidade de construção de um *eu* que seja o avesso do outro[35]. Diz a escritora:

Eu antes tinha querido ser os outros para conhecer o que não era eu. Entendi então que eu já tinha sido os outros e isso era fácil. Minha experiência maior seria ser o outro dos outros: e o outro dos outros era eu[36].

E aqui, é de particular interesse o modo como Merleau-Ponty formula a questão da alteridade:

Se o outro existe verdadeiramente para si, além de ser para mim, e se somos um para o outro, convém que ele tenha e que eu tenha um exterior, e que haja, além da perspectiva do Para Si – minha visão de mim e a visão do outro de si mesmo – uma perspectiva do Para Outro –, minha visão do outro e a visão do Outro de mim[37].

34. "O Crime do Professor de Matemática" está em *Laços de Família*.
35. Octavio Paz diz que no budismo tântrico – que busca a conjunção de corpo e não-corpo – o caráter poético da linguagem supõe que os significados sejam sempre plurais e reversíveis. Além disso, como os contrários devem ser abolidos mas sem supressão, segue-se que os significados são móveis, havendo um "contínuo vaivém dos signos e seus sentidos". Essa reversibilidade explica que os símbolos sejam vividos como realidade e esta possua dimensão simbólica. *Conjunciones y Disyunciones*, México, Joaquín Mortiz, 1969, p. 70. A tradução do trecho citado é minha. É interessante sublinhar a semelhança de tal modo de funcionamento da linguagem com o da escritura de Clarice.
36. "Fundo de Gaveta", *A Legião Estrangeira*, p. 142.
37. *Fenomenologia da Percepção*, cit., p. 10.

Pois em *A Cidade Sitiada* trata-se justamente da constituição de um espaço como campo de exercício de visibilidade de seres que se exteriorizam para verem, serem vistos e se verem. De algum modo, para serem *outros*.

Das formas mencionadas, o corpo – enquanto o outro do espírito – parece ser muito relevante, senão em toda a Obra clariciana, seguramente nos três primeiros romances. Em *Perto do Coração Selvagem* ele se mostra "mais lento que o movimento de continuidade ininterrupta. A imaginação apreendia e possuía o futuro do presente, enquanto o corpo ficava no início do caminho, vivendo em outro ritmo, cego à experiência do espírito..."[38]. Em *O Lustre*, a mãe de Virgínia vê o próprio corpo como coisa alheia. Seus dois últimos filhos tinham nascido "na parte inferior de seu corpo, incontroláveis". "Até o parto fora fácil, ela não podia recordar mesmo a dor, sua parte inferior era bem sadia..."[39]. Em *A Cidade Sitiada*, o confronto ressurge na fala de Efigênia: "sinto na minha carne uma lei que contradiz a lei do meu espírito..."[40].

Como já se disse, a poética clariciana do olhar pressupõe que a relação de alteridade seja um dinamismo de reversibilidade e promiscuidade entre dicotomias várias. No caso da polarização entre espírito e corpo, a dicotomia se repropõe, no plano do corpo, principalmente através de imagens que confrontam, opõem e identificam olhos e boca e seus avatares. Os olhos metaforizando

---

38. *Perto do Coração Selvagem*, p.40.

39. *O Lustre*, p. 16.

40. *A Cidade Sitiada*, p. 24. Aqui é necessário atentar para o fato de que, como em Clarice os signos são móveis e cambiantes, a imagem do corpo – freqüente em sua obra – ressurgirá, com semelhanças e diferenças. No caso, por exemplo, de *A Via-Crucis do Corpo*, ela se tinge de conotações negativas: o corpo é fonte do prazer culpado; é fardo que se carrega por destino; é o emblema maior da finitude e da dor; é lugar de degradação, violência e morte.

INTRODUÇÃO

o espírito, já que culturalmente se constituem como sede das atividades anímicas, as mencionadas "janelas da alma". A boca indicando, pela aderência total da percepção gustativa a seu objeto, a
realidade corporal em situação máxima de assimilação do mundo.
No referente aos olhos, a percepção visual é base dos tão conhecidos lampejos de revelação da ficção da escritora. Mas o olhar
fenomenológico visionário com freqüência se alimenta – e às vezes literalmente – de experiências orais: a percepção gustativa, a
fala, o engolir e o vomitar. Como acontece, por exemplo, nos contos "O Jantar" e "A Solução" que tematizam as relações cruzadas
entre olhar e comer[41]. Mas o caso ilustre é, sem dúvida, *A Paixão
Segundo G.H.*, onde a visão reveladora é fortemente marcada por
traços de oralidade: a narrativa mimetiza uma fala brotando da
experiência de engolir a barata.

Entretanto, em outras obras, a situação pode se reverter e o
olhar fenomenológico depender de uma espécie de suspensão provisória da atividade oral. Assim, em *A Cidade Sitiada* – ausentes os
titubeios e hesitações, as marchas e contramarchas que tanto ca-
racterizam a fala de G.H. – a ênfase vai toda para um discurso que se
assume como escrita, e mesmo como escrita hieroglífica. E que faz
da percepção visual do mundo seu eixo e sustentação. Por sua vez,
"O Ovo e a Galinha", texto contemporâneo de e em muitos aspectos semelhante a *A Paixão Segundo G.H.*, recupera de outra forma a
vertente de visualidade explorada em *A Cidade Sitiada*. O olhar que,
em "O Ovo e a Galinha", propõe-se a apreender o ovo na sua exterioridade de casca, provisoriamente se afasta da gema e da clara, metáforas do alimento. E nisso se afasta da G.H. que se alimenta da
barata para ver, através dela, uma realidade transfigurada.

A reflexão acima permite compreender de modo mais complexo uma afirmação freqüente de Clarice relativa à natureza de

41. "O Jantar" está em *Laços de Família*. "A Solução", em *A Legião Estrangeira*.

suas obras. Para ela, a escritura é ato eminentemente corporal, e isso está na boca de Rodrigo S.M., narrador de *A Hora da Estrela* e seu *alter ego* explícito: "Eu não sou um intelectual, escrevo com o corpo"[42]. Mas é experiência dela própria que em pequena, como conta Olga Borelli, "pensava que livro era como árvore, como bicho-coisa que nasce"[43], ou seja, produto do corpo do mundo. Tentando explicar como escreveu "Imitação da Rosa", a autora diz que o conto "usou vários pais e mães para nascer"[44], explicação interessante por mostrar que os "pais e mães" que fazem "nascer" uma história são os acontecimentos do mundo, ao encontrar no artista a terra fértil que os transubstancia.

A natureza corporal da linguagem da escritora tem sido mencionada por alguns críticos, que com isso querem significar o predomínio do sensível dando-se por um tecido imagético feito de metáforas, sinestesias, paronomásias etc.[45]. Mas o presente trabalho procurará descrever como, em *A Cidade Sitiada*, a ênfase no corpo se manifesta na construção dos diversos elementos ficcionais: narrador, personagens, tempo, espaço. Passo a expor resumidamente o assunto de cada um dos capítulos, que visam a dar sustentação aos objetivos indicados acima.

42. *A Hora da Estrela*, p. 22.

43. *Clarice Lispector – Esboço para um Possível Retrato*, cit., p. 66.

44. O trecho é de um dos textos do "Fundo de Gaveta", de *A Legião Estrangeira*, cujo título é "A Explicação Inútil", p. 175. Foi posteriormente republicado em *A Descoberta do Mundo*, com o título "A Explicação que não Explica", p. 363.

45. Cito somente dois exemplos. Marly de Oliveira, no artigo "Sobre Clarice Lispector", publicado no Rio de Janeiro, pelo *Correio da Manhã* em 27/7/1963, diz que em Clarice o pensamento nunca é "uma atividade puramente racional, e sim um pensar vital com todo o corpo, o que equivale a um sentir". E Olga de Sá aponta as figuras retóricas que dirigem a linguagem para o pólo do sensível. Em *A Escritura de Clarice Lispector*, Petrópolis, Vozes; Lorena, FATEA; 1979, p. 253.

INTRODUÇÃO

O capítulo 1 corresponde à fortuna crítica de *A Cidade Sitiada*. Procede-se aí a uma resenha crítica de como se tem avaliado esse romance, resenha cuja finalidade mais evidente é dar notícias sobre esses julgamentos. Mas o objetivo é também fazer um levantamento não exaustivo de alguns dos pressupostos que têm norteado as abordagens da Obra de Clarice. Funcionaria, portanto, como uma plataforma de trabalho, já que a leitura de *A Cidade Sitiada*, apresentada nos capítulos seguintes, possui semelhanças e diferenças com relação às anteriores. Mas pretende também contribuir para uma futura história crítica da crítica da escritora, história que, se já começou a ser feita, seguramente ainda tem muito a percorrer.

O capítulo 2 aborda um aspecto específico de *Perto do Coração Selvagem*, através da análise de seu capítulo 5, "A Tia". A escolha de iniciar a parte analítica deste trabalho com um estudo referente a outro romance e não a *A Cidade Sitiada* se vincula à mencionada opção de considerar essa obra no confronto com outras de Clarice. E, assim, pareceu importante, em vários sentidos, verificar pontualmente como se constrói a imagem do corpo no primeiro romance da escritora. Esse, como se sabe, é tido em geral pela crítica como caudatário da ficção introspectiva. No dizer de Benedito Nunes, seu "centro mimético é a consciência individual enquanto corrente de estados ou de vivências"[46]. Trata-se de esclarecer que, além disso, aí já se esboça uma questão que parece central à Obra de Clarice: o modo de relacionamento entre a consciência e o mundo, considerado particularmente como corporeidade.

O que se mostrará é que a figuração da subjetividade de Joana pressupõe uma consciência enraizada num corpo capaz de engendrar outros corpos e outras tantas consciências. É, aliás, a vivência dessa corporeidade o que permite o nascimento de outra

46. *O Drama da Linguagem*, cit., p. 13.

espécie de corpo: o da palavra artística que produz a história de Joana. É verdade que, nessa história, o corpo é mais claramente mostrado como fonte de percepções que o imaginário reelabora. Mas, mesmo aí, evidencia-se sua dimensão de coisa visível. Aí também já se explicita a ambigüidade da imagem da boca enquanto lugar de passagem e cruzamento de realidades tidas como distintas que, assim, desnudam seu parentesco: o corpo do alimento, o corpo nauseante da tia, o corpo da palavra que a boca expele. Procura-se ver, no romance de estréia, em que sentido a poética do olhar como relação de alteridade, movida pelos gestos de ver e comer, já se propõe aí, de modo particular. A análise do capítulo 5 permitirá observar a importância da oralidade na construção da consciência de si através da assimilação do corpo do outro.

Do capítulo 3 ao 5, a análise se concentra em *A Cidade Sitiada*. O terceiro enfatiza o processo de espacialização do tempo nessa obra. A tradição filosófica mostra a pertinência do corpo à realidade espacial. Em Descartes (indiretamente citado em "O Ovo e a Galinha"), bem como em Espinoza (diretamente citado em *Perto do Coração Selvagem*), ele é "extensão". Do mesmo modo, como foi mencionado, Merleau Ponty o vê como "espaço corporal". A importância da dimensão espacial na configuração da questão do corpo levou, assim, a privilegiar a coordenada espacial da obra e o modo como, em decorrência, o tempo se espacializa. São discriminadas e exemplificadas as técnicas que objetivam a essa espacialização.

Enfatizado enquanto corpo, o mundo se torna um campo de visibilidade. Por isso, o capítulo 4 abordará o ato de enunciação enquanto visão instituinte da realidade ficcional como mundo visível: descrição e pintura. Abordará ainda a relação entre enunciado e enunciação através do modo como se tecem, por espelhamento – identificação e estranhamento –, as visões da narradora e das personagens. Como decorrência, o processo grotesco e caricatural de caracterização aponta para o corpo enquanto realidade dominante, diante de uma subjetividade que, enquanto consciência reflexionante, imaginante ou rememorante, fica no pano de fundo.

Resta abordar a questão da linguagem como corpo da obra. O capítulo 5 vincula tal questão à natureza da alegoria. Citaram-se anteriormente trechos dos três primeiros romances de Clarice em que o par corpo/espírito se articula através de alguma forma de deslocamento. Em *Perto do Coração Selvagem* porque seus ritmos e tempos são distintos: o corpo mais lento, "cego à experiência do espírito". Em *O Lustre*, porque o funcionamento corporal independe do espírito. Em *A Cidade Sitiada*, pela contradição entre as leis que regem cada uma dessas realidades.

A análise da natureza alegórica da linguagem de *A Cidade Sitiada* pretende mostrar que há também deslocamento entre significante (como corpo) e sentido (como espírito). Que tal deslocamento é de natureza a produzir significantes que não apontam diretamente para o sentido, de modo que este tende a se furtar à interpretação, através de uma tática de mobilidade constante. A alegoria que assim se constitui é um modo não de mostrar o sentido, mas de escondê-lo: a obra se apresenta, então, como proliferação de enigmas.

Sublinhou-se mais de uma vez que a análise de *A Cidade Sitiada* se faria contra o pano de fundo de outras obras, em função do tema geral do trabalho. Esse se conclui, no capítulo 6, abordando o texto "O Ovo e a Galinha" como outro fundo contra o qual se pode ver a figura *A Cidade Sitiada*. Já se disse que a tessitura das imagens referentes ao par olhos/boca recupera, no plano do corpo, a relação de alteridade existente entre espírito e corpo. Se no primeiro capítulo se analisa um aspecto de *Perto do Coração Selvagem*, para confrontá-lo com a contribuição específica do romance de 1949, aqui se procurará comentar "O Ovo e a Galinha" com intuito semelhante, ao qual se acrescentam os seguintes.

O tipo de recorte e os assuntos abordados na análise de *A Cidade Sitiada* mostram que a interpretação tem em vista fisgar o diálogo (algumas vezes mudo) entre aquela obra e *A Paixão Segundo G.H.*, citada aliás com freqüência. De fato, tanto suas semelhanças como diferenças testemunham-lhes o parentesco, o que convidaria a abordar também a história de G.H.. Entretanto, como o objetivo é analisar mais detidamente *A Cidade Sitiada*, tomando de outras obras apenas os elementos contrapontísticos, preferiu-se trabalhar com "O Ovo e a Galinha". Por ser mais curto (embora seguramente não menos difícil), mas principalmente por repropor problemas semelhantes aos de *A Paixão Segundo G.H.*, esse texto foi escolhido como fecho das reflexões sobre o tema "ver o outro" – subsumindo a relação entre espírito e corpo e seu avatar olhos/boca – que vinham sendo os fios condutores do conjunto de questões.

1

Infortúnios de uma Cidade

Sendo já extensa a fortuna crítica da Obra de Clarice, chama a atenção a pequena quantidade de estudos, sobretudo de maior fôlego, dedicados a *A Cidade Sitiada*[1]. Junto com *O Lustre*, seu antecessor, o romance de 1949 é considerado, por um grande número dos que se pronunciaram sobre ele, como uma espécie de tempo fraco situado entre os tempos fortes de *Perto do Coração Selvagem*, de um lado; e *A Maçã no Escuro* e *A Paixão Segundo G.H.*, de outro – para mencionar apenas as ficções mais longas. Marly de Oliveira, no ensaio comentado a seguir, avalia que "este talvez seja o menos amado dos romances de Clarice Lispector", acrescentando porém que "só a uma visão descuidada escapam os liames com os outros" livros da autora.

No ensaio "Nada Existe que Escape à Transfiguração", Reynaldo Bairão afirma que "tanto *O Lustre* como *A Cidade Sitiada* são livros de ligação entre a estréia da autora e sua obra de maturida-

---

1. Para o levantamento dos textos aqui resenhados foram de especial valia as informações contidas na dissertação de mestrado de Glória Maria Cordovani, *Clarice Lispector: Esboço de uma Bibliografia*, apresentada à área de Literatura Brasileira da FFLCH-USP em fevereiro de 1991. Outras informações, bem como parte do material coligido, são provenientes do acervo Clarice Lispector da Fundação Casa de Rui Barbosa, no Rio de Janeiro.

de"[2], corroborando um julgamento relativamente freqüente segundo o qual essas obras – "de ligação" – não representariam acréscimo substantivo ao conjunto da Obra. As razões de semelhante situação ressaltam quando se acompanha o curso das avaliações feitas ao longo dos mais de quarenta anos de vida do livro. O acompanhamento obedecerá à seqüência cronológica, excetuando-se os casos em que duas análises, que dialoguem entre si, estejam distanciadas temporalmente. O intuito aqui não será fazer uma listagem exaustiva do que se escreveu sobre o romance. Entretanto, optou-se por um exame relativamente demorado dos casos mais representativos, na tentativa de fazer aparecerem os motivos de uma avaliação de modo geral negativa da obra.

Sérgio Milliet, dos primeiros a saudar com entusiasmo o livro de estréia de Clarice, foi também o primeiro a se manifestar sobre *A Cidade Sitiada*, em agosto de 1949[3]. De modo geral, a obra o desagradava, mas com a ressalva: a escritora não perdera a "força reveladora de sua prosa poética". Essa qualidade, aliás, voltaria a ser mencionada em 1952, com a publicação de *Alguns Contos*, o crítico sugerindo então a Clarice que se dedicasse ao poema em prosa, uma vez que via nela "principalmente um poeta"[4]. A desaprovação a *A Cidade Sitiada* tinha em vista algo já perceptível em *O Lustre*, "o enleamento da escritora na própria teia de imagens preciosistas". E o "rococó", impedindo penetrar no espírito da obra, justificava a sentença: "a forma virou fórmula".

Milliet procurava negar que a técnica pudesse se justificar como exigência do romance poético. Para isso, lançava mão de um argumento referente à natureza do romance enquanto forma épi-

---

2. Suplemento Literário de *O Estado de S. Paulo*, 2.8.1969.

3. *Diário Crítico*, 2ª ed., S. Paulo, Martins/Edusp, 1981, vol. VII, pp. 33-34.

4. *Idem*, vol. VII, p. 237.

ca: o livro "evidencia outras ambições, visa a prospecção psicológica", objetivo propriamente novelesco entretanto perdido "em virtude das mil veredas abertas pelo malabarismo da autora". *Perto do Coração Selvagem* não saía prejudicado com esse "exibicionismo" verbal, por ser mais ou menos autobiográfico. Mas no "campo mais complexo do romance psicológico em que o espírito de análise e observação se faz imprescindível, a autora sucumbe ao peso de sua própria riqueza".

Como seria natural que ocorresse, a crítica dos inícios da carreira de Clarice, nas décadas de 1940 e 1950, ressentia-se de dois tipos de falta: de uma mais ampla visão de conjunto da Obra, por um lado; de um aparato crítico adequado à experiência literária proposta, por outro. Esse último aspecto fora apontado por Antonio Candido, referindo-se a *Perto do Coração Selvagem*, nos artigos de jornal de 1945 que posteriormente viriam a constituir o ensaio "No Raiar de Clarice Lispector"[5]. Dessas carências se ressentiriam não só Milliet mas Álvaro Lins e Gilda de Mello e Souza, independentemente da acuidade crítico-analítica com que abordavam o trabalho da escritora.

Tratava-se, no caso, de conciliar a expectativa criada pelo conceito de "romance", com aquilo que se apresentava sob o título de *A Cidade Sitiada*. Tal dificuldade de conciliação seria também apontada por Gilda de Mello e Souza em relação a *O Lustre* e *A Maçã no Escuro*[6]. Milliet sentia a falta dos procedimentos adequados ao "romance psicológico" numa obra em que, como a crítica posteriormente viria a mostrar, as personagens não são construídas enquan-

---

5. *Vários Escritos*, São Paulo, Duas Cidades, 1970.

6. A crítica de Gilda a *O Lustre* foi publicada pela primeira vez em *O Estado de S. Paulo*, de 14 de julho de 1946, com o título de *O Lustre*. Foi depois republicada na já citada revista *Remate de Males* n. 9, p. 171. O ensaio sobre *A Maçã no Escuro*, intitulado "O Vertiginoso Relance", está em *Exercícios de Leitura*, São Paulo, Duas cidades, 1980, p.79.

to subjetividades, isto é, como complexo psíquico de afetos justificando o agir. Daí que uma das causas de equívoco nas apreciações de *A Cidade Sitiada* parece consistir em esperar organização épico-narrativa de uma obra que problematiza essa organização. Pois a questão da pertinência a modos definidos de gênero é um dos problemas centrais que a Obra de Clarice coloca, cabendo em cada caso esclarecer em que sentido se faz a transgressão das regras.

Quanto ao "preciosismo" ou "exibicionismo" verbal, cabe lembrar primeiro que a crítica já tem mencionado a pertinência da comparação entre os procedimentos estilísticos de Clarice e os do barroco. Mas a observação de Milliet não se refere a isso e sim a um julgamento que detecta defeito no estilo. Entretanto, se o crítico falava em "preciosismo", Clarice ao contrário, explicando os "motivos maiores" de seu livro, consideraria falta de visão julgar jogo verbal suas frases, que para ela eram "nuas"[7].

Em maio de 1950, em *Tema e Técnica*, Sérgio Buarque de Holanda afirmaria, lamentando-a, a raridade entre nós de escritores que enfatizassem, na arte novelística, a preocupação com a técnica. Uma tradição arraigada levaria a atribuir valor literário a temas determinados, independentemente da preocupação de cunho técnico. As exceções seriam os dois romances fragmentários de Oswald e os três, então publicados, de Clarice. Como o interesse central do crítico não era o trabalho novelístico da escritora, o artigo contemplava-a com um pequeno parágrafo:

Não direi que a experiência da autora de *Perto do Coração Selvagem* seja mais do que a do Sr. Oswald de Andrade, profundamente convincente das vantagens de se introduzirem na literatura de ficção certos problemas semelhantes aos da poesia. Julgo mesmo que, comparando ao seu livro de estréia e também a *O Lustre*, o último romance da autora *A Cidade Sitiada*

---

7. *A Descoberta do Mundo*, p. 416

INFORTÚNIOS DE UMA CIDADE

– se ressente de uma dosagem menos habilidosa, mais maciça, daqueles elementos que justamente fizeram a surpreendente novidade entre nós de sua obra inicial[8].

De novo, o que está em discussão são problemas estilísticos. A "dosagem menos habilidosa" parece se referir ao que Milliet chamava, sem rodeios, de "preciosismo" e "exibicionismo" verbal. A menção vale como outra prova de que, aos contemporâneos, a publicação de A Cidade Sitiada parecia mostrar o que já dissera San Tiago Dantas: Clarice "caíra".

Curiosamente, quem viria pela primeira vez a tratar o livro com maior atenção e mais detidamente, descobrindo nele complexidades insuspeitadas, não seria um brasileiro. O que, por certo, não é casual. Em 1º de outubro de 1950, o suplemento literário do jornal carioca A Manhã publicava "Clarice Lispector 'Existencialista' ou 'Supra-realista'", ensaio que o crítico português João Gaspar Simões escrevera em Cascais[9].

Simões conhecera Clarice na casa de Ribeiro Couto, quando, em 1944, ela passava por Lisboa em direção a Nápoles. Depois receberia dela um exemplar de Perto do Coração Selvagem, livro que viria a qualificar como "fosforescente, espécie de fogo-fátuo, qualquer coisa como o relampejar de uma consciência no meio das trevas de uma noite tropical". Sem ter tido oportunidade de ler o segundo romance, o crítico tomou contato com o terceiro, sobre o qual, então, escrevia.

---

8. *Remate de Males*, cit., p. 178. O artigo foi publicado pela primeira vez pelo *Diário Carioca* de 28.5.1950.

9. Posteriormente, Gaspar Simões retomaria em linhas gerais o que dissera nesse artigo, ao publicar "Clarice Lispector, Inovadora do Romance Brasileiro", no volume *Literatura, Literatura, Literatura...* – de Sá de Miranda ao Concretismo Brasileiro, Lisboa, Portugália Editora, 1964.

De saída notava a diferença entre ambos os livros. Se no primeiro o estilo se caracterizava pelo uso do monólogo interior, o segundo filtrava o mundo através de uma "consciência conceptual" semelhante à que, pela mesma época, aparecia nos romances de Sartre e, sobretudo, Simone de Beauvoir. Esse romance "existencialista" – em que, como na filosofia sartreana, "a existência precede a essência" – não significava, a rigor, solução de continuidade com relação a *Perto do Coração Selvagem*, uma vez que o monólogo interior representaria somente um primeiro estágio no processo de transformação do romance realista em romance existencialista.

A proposta desse tipo de romance – visto também como "conceptual" – consistiria em apresentar não a descrição da realidade mas seu conceito. Atos e movimentos de consciência da personagem não mais eram oferecidos à interpretação do leitor. Ao invés disso, apareciam simultaneamente ao conceito que os explicava. O crítico alertava, então, para o perigo: sobretudo se aferrado a sistemas filosóficos, tal romance – tornado abstrato – perderia a concretização da vida, fundamental a sua constituição enquanto forma. Em *A Cidade Sitiada* em conseqüência, criava-se uma "atmosfera humana em que o humano já não é senão uma mera criação conceitual".

Aqui, o crítico ampliava a reflexão: as decorrências de tal abstração se faziam sentir também no âmbito das artes em geral, literatuta, pintura, música. O artista não mais sugeria o real mas criava um real novo. Os fracos vínculos dessa criação pessoal – fruto do arbítrio artístico – com a realidade do leitor redundava em obras enigmáticas. A arte moderna estaria encerrada, assim, "num hermetismo apenas acessível a iniciados". Gaspar Simões – um dos primeiros dentre os muitos que viriam a aplicar a Clarice o epíteto de "hermética" – deduzia então que *A Cidade Sitiada* não encontraria no Brasil ampla recepção. Pois para desvendá-lo, deveria o leitor se munir "com a persistência e a sutileza suficientes para acompanhar a sua leitura com a chave que a sua intuição ou a sua acuidade filosófica" pudessem lhe oferecer.

Iniciando uma análise mais detida da obra, o crítico assegurava se tratar, efetivamente, de um romance, por representar "um destino situado num mundo em que o tempo é simultaneamente lugar de ação e conteúdo dela". Os problemas interpretativos – que aliás seriam enfatizados até o fim – começam aí. O destino de Lucrécia seria ao mesmo tempo "qualquer coisa de variável, de frágil, de inconsistente", mas também sujeito a aparecer, a qualquer momento como existência bruta, maciça. Seria ainda um destino "trivialíssimo": namorar, casar, enviuvar. A dificuldade de definir claramente o que seja o destino de Lucrécia parece indicar a posição delicada em que fica o crítico ao querer demonstrar sua pertinência clara à forma do romance, através da noção de "destino". Aqui cabem alguns comentários.

Se por "destino" se entender uma seqüência, dotada de dimensão humana, de acontecimentos previamente traçados, aos quais não se pode fugir, fica difícil considerar como tal as etapas da vida – de fato trivialíssima – de Lucrécia, uma vez que inexiste ressonância humana desses acontecimentos para ela e para os outros. Isso é visível, por exemplo, e de modo quase cômico, no episódio do casamento, do qual conhecemos apenas a face cristalizada: no começo, a assinatura do contrato; em continuidade, a relação matrimonial tão rígida e vazia quanto o trâmite burocrático do início. Enfim a viuvez, igualmente destituída de importância afetiva: Lucrécia corre para um novo casamento com a mesma despreocupação com que arranjara o primeiro.

Mais do que um destino, tal seqüência parece perfazer um ciclo natural de maturação e morte, como se explicitará melhor depois. Isto é, se destino houver, será aquele de tipo biológico, mais próximo da realidade natural que da social. Entre outras razões, é a aderência ao mundo das coisas – animais e objetos – que faz de Lucrécia

CLARICE LISPECTOR: UMA POÉTICA DO OLHAR

a ancestral de Macabéa, cuja vida só está garantida enquanto vinculada quase integralmente ao plano biológico, aquém do destino humano. E cuja morte, por isso mesmo, advém no momento em que aquela destinação lhe é conferida, por obra e graça da cartomante.

É curioso que Simões fale em "destino", apesar de claramente ter percebido em Lucrécia a condição de existência bruta. Diz ele que enquanto a existência em-si da cidade se transforma, diante de Lucrécia, num para-si; a personagem realiza o caminho contrário: de ser para-si em objeto inalterável. Nesse sentido ela também, como a cidade, estaria sitiada "uma vez que seu existir para si mesmo a pouco e pouco se transforma num existir em si mesmo, forma imóvel que é, e maciça, para a cidade-coisa então já com existência de criatura".

Preocupado em enfatizar o vínculo de Clarice com Sartre, o crítico se referia ao mundo alucinatório de Lucrécia, cuja vida seria mais "viscosidade" que "liberdade". No entanto, a função de sinalizar a pertinência à existência universal – que, no autor de *A Náusea* é desempenhada pelo viscoso – em *A Cidade Sitiada* o é pelo rígido. Mas o mais importante seria perceber, como o faria depois Benedito Nunes, a diferença entre a concepção de liberdade, em Sartre e em Clarice. Escrevendo num momento em que já haviam sido publicados *A Maçã no Escuro*, *Laços de Família*, *A Paixão Segundo G.H.* e *A Legião Estrangeira*, conhecendo portanto a experiência clariciana da náusea, Nunes mostraria que Sartre faz derivar da liberdade o sentido da existência, revelada pela náusea como absurda. Para Clarice, ao contrário, a náusea "apossa-se da liberdade e a destrói"[10].

Simões detectava também uma atmosfera de estranheza advinda do fato de a consciência humana perceber que ela própria poderia aparecer, para as coisas, como coisa em-si, tornando-se então uma "liberdade congelada". Novamente a formulação

10. "O Mundo Imaginário de Clarice Lispector", *O Dorso do Tigre*, 2ª ed., São Paulo, Perspectiva, 1976, p. 101.

parece problemática. As mesmas razões que dificultam atribuir a Lucrécia um destino, tornam difícil percebê-la como consciência reflexiva. Sua consciência, quase inteiramente perceptiva, só se manifesta enquanto tal para espelhar o mundo a que está aderida. Disso, sim, brota a atmosfera fantasmal da obra. Não há um momento em que a personagem apareça como consciência reflexiva, vendo-se como coisa entre coisas, e disso tirando alguma conseqüência. Quem o faz é o leitor através da narradora que, por isso, deve se distanciar. O que acontece a Antoine Roquentin – percebendo-se como existência bruta e sobretudo refletindo sobre isso – tem semelhança com a aventura de Ana, em "Amor"[11] mas não cabe para as personagens de *A Cidade Sitiada*.

Voltando a se referir ao hermetismo da obra, Simões apontava a dificuldade interpretativa conseqüente da rigidez conceitual, que exigiria do leitor um esforço "hercúleo". Parece que a ênfase excessiva posta pelo crítico na chamada técnica conceitual, decorrente do vínculo porventura também demasiado direto com a obra dos existencialistas, impedia-lhe observar o pendor de Clarice para o trabalho descritivo, pictórico e cinematográfico. E não deixava ver que, para além do plano em que a realidade se endurece em conceitos, há outro, paralelo e oposto em que a alegoria (a pergunta é posta por Simões: "simbolo, ou alegoria?") promove uma dissolvência generalizada, uma vez que tudo pode ser tudo, assunto que será retomado em outro capítulo deste trabalho.

Apontados os problemas, Simões finalizava sugerindo a pertinência de *A Cidade Sitiada* – como séria tentativa de constru-

---

11. Jean-Paul Sartre, *A Náusea*, trad. Rita Braga, Rio de Janeiro, Nova Fronteira, 1983. A vinculação entre esse romance e "Amor" é feita por Benedito Nunes que aproxima da experiência sartreana também *A Maçã no Escuro* e *A Paixão Segundo G.H.* Ver *O Dorso do Tigre*, pp. 98 e ss.

ção de uma supra-realidade – à esfera das criações surrealistas. Se tivesse sido explorada pelo próprio crítico, de cuja agudeza analítica o ensaio é testemunha, a sugestão daria sem dúvida bons frutos, talvez permitindo formular mais adequadamente o problema do excessivo conceptualismo. Retomando o mote do hermetismo, as últimas frases são significativas: "É um hermetismo que tem a consistência do hermetismo dos sonhos. Haja quem lhe encontre a chave". A perplexidade, que tinha feito San Tiago Dantas pular de um extremo a outro ao julgar o livro, domina até mesmo um crítico armado de um instrumental analítico de razoável sofisticação.

Afirmou-se anteriormente que não era casual ter sido Simões o primeiro a apresentar uma visão mais complexa de *A Cidade Sitiada*. De fato, a crítica brasileira de então dispunha de dois tipos de parâmetros para avaliar a obra. Um, dentro da tradição ficcional brasileira do Modernismo, dado pelos escritores mais diretamente vinculados às vanguardas européias, a saber, Mário e sobretudo Oswald. O outro, de fora do Brasil, fornecido pelos novelistas que desde o início do século haviam revolucionado a forma: Proust, Joyce, e Virgínia Woolf, entre nós bastante conhecidos, a ponto de os dois últimos aparecerem imediatamente como modelos de *Perto do Coração Selvagem*.

Próximo dos centros europeus de irradiação cultural, Gaspar Simões entrara já em contato com a Obra de Sartre e Simone de Beauvoir, que era bastante recente: a tetralogia inacabada, *Les Chemins de la liberté*, fora publicada entre 1945 e 1949; e *L'Invitée*, em 1943. Iniciou, então, como voz solitária, uma tradição que esperaria continuidade por mais de dez anos. No início da década de 60, começariam a aparecer na imprensa brasileira as primeiras referências esparsas aos vínculos de Clarice com os existencialistas, nos escritos de Assis Brasil e Marly de Oliveira. Mas só a partir de 1965, com Benedito Nunes, crítico literário de formação filosófica, seria sistematizado o viés existencialista de leitura da Obra da escritora. Não foi, entretanto, *A Cidade Sitiada* a obra que sugeriria a Nunes essa abordagem, mas as posteriores: *A Maçã no Escuro, A Paixão Segundo G.H.*, além do conto "Amor", de *Laços de Família*.

Os primeiros artigos de Assis Brasil apareceram reunidos na série "O Mundo Subjetivo de Clarice Lispector", publicada no *Jornal do Brasil*, de 29.10 a 10.12.1960, e se referiam aos três romances da década de 40[12]. Posteriormente, Assis Brasil continuaria publicando e republicando, pela imprensa ou em livro, suas reflexões sobre a escritora. Algumas idéias-chave norteadoras de sua crítica ajudam a compreender os comentários sobre *A Cidade Sitiada*.

Em Clarice, diferentemente de Machado de Assis, a língua enquanto instrumento expressivo não seria mais apenas "veículo", mas se integraria na "linguagem total". O que impressionava o crítico era sobretudo o trabalho poético do estilo clariciano. Ainda tomando Machado como termo de comparação, mostrava que nele a personagem se construía mais como objeto do que como sujeito, colocando-se o autor acima dela. Em Clarice, ao contrário, a personagem seria trabalhada como consciência independente, e a partir do interior dessa consciência se criaria a visão da obra. Daí era deduzida a importância do "mundo subjetivo" de Clarice. Ou seja, Brasil surgia como um dos muitos que enfatizaram o caráter introspectivo dessa ficção.

---

12. Em 31.7.1963, no Caderno B do *Jornal do Brasil*, Assis Brasil publicou "Caçador Solitário". No *Jornal de Letras*, de fevereiro de 1965, "Literatura Brasileira Hoje – Paixão e Queda de G.H." Entre julho e dezembro de 1968, no *Jornal de Letras*, republicou a série de 1960, com pequenas alterações e novo título: "Clarice Lispector e a Ficção Moderna". Esse material ajudou a compor o livro *Clarice Lispector: Ensaio,* Rio de Janeiro, Organizações Simões, 1969. No artigo "As Imagens Poéticas", publicado em 17.12.1977 no Suplemento da *Tribuna da Imprensa* do Rio de Janeiro, o ensaísta voltaria a se referir a *A Cidade Sitiada*. Esse foi o material que serviu de base para a presente resenha.

Clarice Lispector: Ensaio iniciava localizando a Obra da escritora tanto em relação ao panorama ficcional brasileiro como ao internacional. Reportava-a a Mario de Andrade e Guimarães Rosa, entre outros; e ainda a Proust, Faulkner e Robbe-Grillet. O espectro de assuntos tratados era amplo. Incluía desde problemas de técnica ficcional até os temas – o existencialismo de cunho kierkegaardiano, o misticismo etc. – passando pela aludida questão da linguagem com a qual Clarice superaria a falsa dicotomia entre psicologismo e regionalismo [13]. Quanto a *A Cidade Sitiada*, diferentemente do que acontecera com seus primeiros críticos, a obra impressionara bem Assis Brasil.

O capítulo dedicado a ela assinalava algo bastante comum na ficção clariciana: a ausência do enredo tradicional. As observações tinham o intuito de defender a autora contra a pecha de "alienada" e "estrangeira". Isso não seria verdade pois ela trataria "seus personagens em função de um meio social", fato que, de saída, negaria uma "suposta alienação de sua literatura". Segundo o crítico, a escritora teria sido capaz de construir uma cidade, povoá-la e dar-lhe "uma integral dimensão humana". Além disso, haveria em *A Cidade Sitiada* não só o localismo da vida de província mas também uma "dimensão universal, de que os personagens e seus conflitos (não interessa que tipo de conflito ou de reação) são o centro" [14].

O primeiro equívoco de tais observações seria assinalado por Benedito Nunes ao discordar de que as personagens seriam trabalhadas "em função de um meio social". E isso porque o romance careceria de uma "forma de apreensão da realidade que sintetiza o subjetivo e o objetivo, através da correspondência entre um meio social determinado e a experiência individual das personagens" [15].

13. *Clarice Lispector: Ensaio*, p. 57.
14. *Idem*, pp. 60-61.
15. *O Drama da Linguagem*, p. 37, nota 2.

Assis Brasil procurava compreensivelmente livrar Clarice das tão fáceis quanto mal formuladas acusações de escritora "reacionária" porque supostamente desinteressada dos problemas sociais. Só que o fazia de maneira um pouco canhestra, confundindo o tema da vida urbana, com seus hábitos de província, com o modo como esses elementos são mimetizados pela obra, em busca de um sentido determinado. Nunes lembraria ainda que o meio não é social porque não se tecem relações entre sujeito e mundo, de modo a configurar uma totalidade sintética. Donde também o questionamento da "dimensão humana" de que seria dotada a vida em tal cidade.

Outra afirmação problemática dizia respeito aos "conflitos" das personagens. É verdade que o ensaísta hesitava ao usar o termo, acrescentando entre parênteses que não importava que se tratasse de "conflito" ou "reação", esta última palavra deixando entrever a percepção do caráter mecânico das atitudes das personagens. Entretanto, se tal percepção existia, ela não só não se manifestava, como o que continuava valendo como pressuposto geral era o oposto, o mencionado caráter "subjetivo" do mundo da escritora, construído através de personagens que seriam consciências independentes. Entretanto, como em *A Cidade Sitiada* as personagens são, como se verá melhor depois, carentes de dimensão interior[16], parece inadequado falar em "conflito".

Com relação às preocupações estilísticas, cumpre notar ainda que em ensaio publicado em 1977, Assis Brasil veria no romance de 1949 uma mudança de rumo no estilo da escritora. Essa mudança seria responsável pela diferença entre *A Paixão Segundo G.H.* e as obras anteriores. O curioso é que desde 1965 o crítico estabelecera firmemente que *A Paixão Segundo G.H.* rompia "a fronteira

---

16. É o que observa, entre outros, Bela Jozef, na dobra da capa da 5a edição de *A Cidade Sitiada*, usada como texto de base deste trabalho.

do mundo subjetivo". Em conseqüência, por ter Clarice aí se dedicado exclusivamente à "especulação do pensamento", seu livro se situava "num plano menor da criação", a autora tendo caído em "detalhes supérfluos, minúcias descritivas, que se chocam com o desenvolvimento mais amplo e espontâneo de seu pensamento...".

Coerentemente portanto, Brasil recusava valor ficcional à obra que vinha lançar por terra o pressuposto do "mundo subjetivo". Mas não percebia que esse pressuposto já fora invalidado pelo romance de 1949. No entanto no ensaio de 1977, em que a questão de estilo era central, ele dizia que em *A Cidade Sitiada* a autora passava "do conhecimento mesmo da criação para a procura de um conhecimento, podemos dizer, racional, pragmático, embora essa procura seja instintiva", e que se despreendia "das imagens e comparações, em busca de uma conceituação para-filosófica do ser e da vida. Seu estilo começa então a caminhada no rumo de *A Paixão Segundo G.H.*, a sua obra de menor valor literário e pejada de maior ensaísmo para-filosófico". De passagem, observe-se que, onde João Gaspar Simões tinha visto "conceptualismo", semelhantemente Brasil veria "conceituação para-filosófica". Em suma, Brasil fora capaz de perceber o parentesco entre *A Cidade Sitiada* e *A Paixão Segundo G.H.*, no plano estilístico; mas não no da construção das personagens e seu mundo.

Os artigos de Marly de Oliveira começaram a aparecer na imprensa carioca a partir de 1961 e se estenderam até 1982[17]. Desde o início, sua abordagem da ficção clariciana demonstraria grande

---

17. Os artigos aqui resenhados são: "Sobre Clarice Lispector", *Correio da Manhã*, Rio de Janeiro, 27.7.1963. "A Paixão Segundo Clarice", *Correio da Manhã,* Rio de Janeiro, 13.3.1965. "Interpretação da Obra de Clarice Lispector", *Jornal do Comercio,* Rio de Janeiro, 9.1.1966. "A Maçã no Escuro", *Jornal do Comercio,* Rio de Janeiro, 24.7.1966. "A Cidade Sitiada", *Jornal do Comercio,* Rio de Janeiro, 17.7.1966.

INFORTÚNIOS DE UMA CIDADE

sensibilidade e penetração. Junto com o de João Gaspar Simões, seu estudo sobre *A Cidade Sitiada* será seguramente dos mais inspirados e inspiradores, de resto recuperando o devido valor da obra. A ensaísta foi das primeiras a buscar pontos de apoio teórico nos existencialistas – Jaspers, Sartre e Camus. Mas os buscava também em outras correntes de pensamento: Montaigne, De Sanctis, Croce, Leo Spitzer, Dámaso Alonso, Joseph Frank.

Interessa aqui destacar alguns dos pontos principais de sua leitura. A ênfase no valor relativo de cada uma das obras dentro do conjunto sustentava a afirmação de que a publicação de *A Paixão Segundo G.H.* vinha "deitar novas luzes" sobre as anteriores, "através daquele simples processo por que um elo se unindo a um outro elo nos oferece, enfim, a visibilidade de uma cadeia"[18]. Esse era o motivo que, como se viu no início deste capítulo, levava Oliveira a atribuir a incompreensão da crítica sobre *A Cidade Sitiada* à ausência de uma visão que integrasse esse romance à totalidade da Obra.

Tal ordem de considerações explica, em parte, o teor do artigo sobre *A Cidade Sitiada*, publicado em 1966, portanto depois de Marly de Oliveira ter se manifestado sobre *A Paixão Segundo G.H.* e *A Maçã no Escuro*, isto é, quando era já relativamente profundo o contato com a ficção de Clarice. Ela mesma apontava esse aspecto e tecia outras considerações sobre a disposição necessária à leitura de *A Cidade Sitiada*. O trecho transcrito a seguir é longo mas esclarecedor:

> Orientar-se pode parecer difícil ao leitor, sobretudo se toma o livro isoladamente, se desconhece a posição real de Clarice diante do escrever, se não possui elementos para comparar, discutir, entender.... Mas quem leu com paciência e amor toda a obra, e sobretudo quem teve, como tivemos, a felicidade de entrar em contato com ela pelo fim, e não pelo começo, e, portanto, quem está apto a valorizar no primeiro romance, em função do seu aprofundamento nos demais, frases, afirmações, vestígios daquilo que toma-

18. "A Paixão Segundo Clarice", citado na nota anterior.

5 I

ria maiores proporções futuramente, e que entretanto, poderia passar despercebido – nós cremos no que se repete, porque o que não se repete pode ser casual, mas o que se repete indubitavelmente tem um sentido, uma significação especial, é, pois, uma chave – lê sem estranheza *A Cidade Sitiada...*[19].

O trecho citado chama a atenção para o fato de *A Cidade Sitiada* se beneficiar de uma leitura não-cronológica, reversível, não linear, sem ponto de partida fixo, integrativa. Justamente a idéia que norteia a visão que o presente trabalho tem do vínculo entre as obras: o valor de cada uma seria mais plenamente visível contra o pano de fundo das demais. No caso de *A Cidade Sitiada*, parece ser mesmo esse o método mais adequado para se lhe potencializar a complexidade e o significado. Daí a importância que tem neste trabalho a relação entre figura e fundo, enfatizando-se nos capítulos seguintes comparações entre *A Cidade Sitiada* e outras obras de Clarice.

O segundo ponto para o qual a ensaísta chamava a atenção era a natureza corporal do trabalho da autora, nos vários desdobramentos, tema que viria depois a ser glosado com freqüência pela crítica. Observava-se, como foi mencionado no capítulo anterior, que o pensamento clariciano nunca seria "uma atividade puramente racional, e sim um pensar vital com todo o corpo, o que equivale a um sentir". É certo que esse aspecto já fora indicado por Sérgio Milliet quando se referia à natureza intuitiva da ficção clariciana. Mas Oliveira definia melhor a questão e antecipava algumas das formulações ulteriores. Falando da possibilidade de aproximar *A Paixão Segundo G.H.* da experiência dos místicos, era descartada uma aproximação direta a eles, uma vez que em Clarice se deveria "falar de um misticismo com todo o corpo"; e pensar "numa união com um Deus 'cujo reino é deste mundo' "[20]. Isso era

---

19. "A Cidade Sitiada", citado na nota 17.
20. "A Paixão Segundo Clarice", citado na nota 17.

INFORTÚNIOS DE UMA CIDADE

dito em março de 1965: antes do aparecimento de *Clarice Lispector: o Itinerário da Paixão*, onde José Américo Pessanha diria que o objetivo de Martim, de *A Maçã no Escuro*, seria a imanência "sem sobre-humanas origens", e que a forma religiosa de *A Paixão Segundo G.H.* disfarçaria uma visão dessacralizada, profana[21].

O terceiro aspecto assinalado por Oliveira seria a natureza das personagens de Clarice, todas carentes de inteligência. Por isso, na impossibilidade de dominar a realidade circundante, seriam a ela submetidas: "ou concordando com ela, como é o caso de Virgínia em *O Lustre*, ou aderindo a ela, como é o caso de Lucrécia em *A Cidade Sitiada*, ou reconstruindo-a, como é o caso de Martim, em *A Maçã no Escuro*"[22]. Essa visão que unifica as personagens sob um mesmo traço tem, pelo menos, duas decorrências. Por um lado, dificulta compreender, em *Perto do Coração Selvagem* por exemplo (será por isso que a obra não é citada?), a identificação entre Joana e a narradora, como avatar do autor implícito. Tal identificação – visível, entre outros, no modo como a narrativa se move entre terceira e primeira pessoa – demonstraria que Joana, sendo desdobramento da consciência organizadora ficcional, não poderia carecer de inteligência – traço que aliás se explicita em vários momentos.

Por outro lado, ajuda a entender uma personagem como Lucrécia, espécie de avesso de Joana. Pois se dessa se ressalta a consciência imaginária errante, aquela exercita menos a faculdade de imaginação do que a de percepção visual do mundo. Não parece um acaso que Oliveira continue sua análise ressaltando outro aspecto da caracterização que também cabe com justeza à heroína de S. Geraldo. As personagens aspirariam à unidade, à integri-

21. O ensaio de Pessanha foi depois republicado pela revista *Remate de Males*, p. 195.
22. "Sobre Clarice Lispector", citado na nota 17.

53

dade absoluta, nelas se identificando ser e pensamento. Sua visão não seria mental nem conformada por concepções prévias, fator possivelmente responsável pela freqüência com que elas se assemelham aos animais, sobretudo aos cavalos, traço fundamental em *A Cidade Sitiada.*

Antes de passar para o artigo dedicado a esse romance, cabe lembrar uma afirmação contida em trabalho anterior, sobre *A Maçã no Escuro.* Nessa obra haveria "uma preocupação em chegar ao outro, que não havia nos livros anteriores". Isso se evidenciaria pela despersonalização e deseroização de Martim, processos vinculados ao de anulação do eu em favor do "espiritual não-Eu" que seria a Divindade. Entretanto, se se tem em vista que na Obra de Clarice são vários os avatares da alteridade, parece ser redutor restringi-la a Deus, mesmo podendo ele ser considerado como o *Outro* por excelência. Além disso, tal formulação impede ver em *A Cidade Sitiada* uma experiência ousada de construção da alteridade, consistindo em criar personagens tão coladas ao mundo e ao corpo que parece serem mais *outro* que *eu.*

Como se viu, a ensaísta assentava seus comentários sobretudo na natureza das personagens e nos traços decorrentes. Disso adviria, para ela, uma das dificuldades da leitura da obra. Pois sendo mais fácil aceitar o que se conhece, e muito comum a desconfiança do que é diferente, ficaria difícil compreender uma personagem sem inteligência, como Lucrécia. Na sua integridade e pureza animalescas, ela aderiria a uma realidade que não compreenderia nem dominaria pela reflexão. Donde resultaria a visão virginal com que construiria o mundo. Assim se poderiam explicar os versos de Píndaro que servem de epígrafe:

> [...] no Céu a ação simples de ver é aprendizagem; na Terra, porque tudo já tem nome, e conseqüentemente significado, o que se vê não é visto virginalmente, antes se associa, e às vezes se faz depender de conhecimentos anteriores...

INFORTÚNIOS DE UMA CIDADE

A integração completa da personagem com o mundo seria feita por uma visão total com que ela aderiria verdadeiramente à substância da realidade. O que faria com que, em *A Cidade Sitiada*, mais do que nos outros livros, o interesse fosse pelo "ver puro". Não o ver que operasse por acréscimos ao visto, mas aquele que não o alterasse: ver sem pensamento, sem imaginação. Esse traço seria reconhecido também no herói de *A Maçã no Escuro* e ilustrado por citação: "E enquanto isso, Martim tentava apalpar o seu erro: – seu erro anterior fora tentar entender por meio do pensamento". A ensaísta concluía então que, se a temática da visão virginal era fundamental nas outras obras, em *A Cidade Sitiada* ela preponderaria, a começar da epígrafe. Ressalte-se aqui novamente que o presente trabalho também opera com a concepção de preponderância ou predomínio: um conjunto temático nuclear percorreria todas as obras, mas de tal modo que alguns de seus elementos seriam dominantes em uma (ou algumas) e recessivos noutras. O que significaria que a peculiaridade de cada obra dependeria do grau de ênfase nesses temas, tanto quanto do seu modo peculiar de arranjo.

Semelhante visão se encontra também nas análises de Luis Costa Lima. Seus primeiros trabalhos sobre Clarice, cuja feitura data de algum momento entre 1962 e 1964, só foram publicados em 1970, na obra coletiva organizada por Afrânio Coutinho, *A Literatura no Brasil*. Sabe-se desse lapso temporal porque o crítico, em "A Mística ao Revés de Clarice Lispector", ensaio de 1966, referia-se ao que escrevera anteriormente procurando justificar o julgamento desfavorável[23]. Partindo do pressuposto de que Clarice trabalharia a ten-

---

23. "Clarice Lispector". em *A Literatura no Brasil*, Rio de Janeiro, Sul Americana S.A., 1970, vol. 5, pp. 449-472, org. Afrânio Coutinho. E "A Mística ao Revés de Clarice Lispector", *Por que Literatura*, 2ª ed., Petrópolis, Vozes, 1969, pp. 98-124. Nesse ensaio, Costa Lima remete o leitor àquele estudo que sairia em 1970.

são entre opacidade e instante, ou seja, entre a realidade banal e o vislumbre epifânico, o crítico observava que em "Amor" seria outro o prisma de observação dessa tensão. Pois aí – diferentemente do que ocorria com Martim, por exemplo – o enfoque se fazia a partir da criatura que não quer ver rompida a casca do cotidiano confortável.

É digna de destaque a idéia de "prisma", utilizada por Costa Lima. Ela permite construir a visão da Obra como um só corpo, feito de muitas facetas. De fato, poderíamos multiplicar os exemplos de alteração do prisma pelo qual um *mesmo* se torna *outro*, nele se vendo e sendo visto. Seria possível dizer que em "A Menor Mulher do Mundo", por exemplo, o prisma se constrói a partir do lugar mesmo do desconhecido, a realidade inumana e pré-verbal de Pequena Flor. Mas a tensão só se dá pelo confronto direto desse desconhecido com seu *outro*, o espaço dos comportamentos *civilizados*, enrijecidos em estereotipias que mascaram a existência do *primitivo* dentro de cada *civilizado*. Em "A Imitação da Rosa", o tempo *luminoso* da realidade do inconsciente é confinado para fora do espaço da narrativa, o acesso a ele sendo possível apenas através das referências mais ou menos enigmáticas de Laura. Em "O Búfalo", ao contrário, o tempo banal é o que antecede o início do relato. Ao entrar no Jardim Zoológico, a mulher se encontra já em pleno tempo da turbulência. De modo que a narrativa se precipita mais ou menos velozmente para o momento do encontro desejado desde o início. Em "Feliz Aniversário", o tempo da banalidade se põe como realidade tão maciça e pesada, que a visão *outra* só pode furar o bloqueio por vislumbres e gestos mudos: a rápida troca de olhares entre Anita e Cordélia, mensagem não verbal que a velha manda à nora, como espiãs de outra terra com urgência de comunicar, cifrada e rapidamente, a visão reveladora: "é preciso que se saiba. Que a vida é curta. Que a vida é curta"[24].

24. *Laços de Família*, p.71.

Esses exemplos seguramente bastam para mostrar a justeza da concepção das obras de Clarice como totalidade prismática.

A compreensão dos comentários de Costa Lima sobre *A Cidade Sitiada* depende de alguns esclarecimentos referentes ao julgamento dos romances anteriores de Clarice. Nela o crítico via mais uma contista do que uma romancista, pois nessa qualidade, ela incorreria em erros básicos, comprometendo toda a estrutura novelesca: a redução da realidade à subjetividade intelectualizada, a última tentando preencher a falta da primeira. E a conseqüente desarticulação entre a vivência subjetiva e o mundo. Disso decorreriam o emprego freqüente do jargão filosofante, de tipo existencialista; um abstracionismo corrosivo; além da dificuldade de apreensão mais ampla da historicidade.

Ao que tudo indica, o pressuposto dessas considerações é o romance de tipo realista onde as personagens, funcionando como avatares de *pessoas*, interagem com o mundo em situação em que ambos têm peso relativo igual. Por exemplo, apontava-se como defeito de *O Lustre* a atribuição a Virgínia e Daniel, de pensamentos e atitudes tidos como inverossímeis para sua condição. A maldade neles teria uma função liberadora, apesar de serem "meninos do interior, sem contato, por conseguinte, com atitudes e literaturas que pudessem ser consumidas em grande cidade". E o motivo da inverossimilhança estaria no modo de a escritora "exportar" seus próprios sentimentos para as personagens[25]. Note-se que esses pressupostos impedem compreender os processos de desdobramento e despersonalização, fundamentais na Obra de Clarice e que respondem pela identificação, espelhamento ou estranhamento entre autor implícito, narrador e personagens.

Nessa linha de raciocínio, *A Cidade Sitiada* não poderia deixar de aparecer como uma reedição piorada do rol dos defeitos ante- ·

---

25. "Clarice Lispector", cit., p. 459

riores, aos quais se acrescentavam as expressões clichês. Novamente, o pressuposto do romance realista levava à afirmação de que "a romancista não consegue ajustar as idéias que traz às personagens que cria, que se tornam como fâmulos ou mamulengos, submissos e manipulados por mão oculta"[26], a visada crítica prejudicando perceber que a obra tematizava justamente a configuração das personagens como objetos. Quando, na obra posterior de 1966, Costa Lima procurou rever a primeira posição, isso foi feito em função de *A Paixão Segundo G.H.*. De modo que a avaliação final de *A Cidade Sitiada* permaneceu negativa: um romance com muitas qualidades de estilo mas irrealizado enquanto forma, dada a desarticulação entre o singular e a totalidade. Outra vez, a mesma dúvida de João Gaspar Simões: símbolo ou alegoria?

Apesar de não se referir senão de passagem a *A Cidade Sitiada*, o citado *Clarice Lispector: o Itinerário da Paixão*, de José Américo Pessanha, merece comentários, sobretudo referentes à concepção relativa ao conjunto das obras da escritora. Publicado em início de 1965, próximo portanto do aparecimento da história de G.H., o ensaio se deixava contaminar com o forte impacto da obra sobre o crítico-filósofo. A habilidade com que conjugava erudição e empatia profunda com a ficção da escritora, ia junto com uma incomum sensibilidade de leitor, apaixonadamente entregue à obra comentada. O resultado seria um dos ensaios mais belos já escritos sobre Clarice, independente de se estar ou não de acordo com uma ou outra observação pontual, ou mesmo com a chave interpretativa adotada.

Essa era dada por aquilo que o crítico chamava de "*meus* filósofos", procurando criar um "espaço de convivência" entre a palavra deles e a da romancista. Abria-se um amplo leque de referências:

---

26. *Idem*, p. 463.

Pitágoras, Anaximandro, Heráclito, Platão e Parmênides, entre os antigos. Bacon e Descartes, entre os iniciadores da filosofia moderna. Bergson, Cassirer, Husserl e Heidegger, neste século. O objetivo era integrar *A Paixão Segundo G.H.* a tudo o que Clarice escrevera até então, e que nada mais seria do que preparação para a experiência radical de G.H., o encontro com a plenitude e atualidade do ser, pela via da *epoché* fenomenológica. O crítico passava a descrever então as estações da *via-crucis* da Obra: os "arautos" – os "pobres de espírito"; a "ceia", onde se serve a maçã; o "condenado": G.H. e sua paixão. Tratava-se de uma sólida tentativa de definir internamente a natureza da relação entre as obras; algo semelhante ao que procurara fazer Marly de Oliveira, só que num grau maior de coerência e sistematização. Alguns aspectos ressaltam dessa tentativa.

Apesar de convencer plenamente pelo alto grau de coerência, não se pode deixar de ver nessa tentativa algo de redutor, num sentido semelhante ao que sucedia com Marly de Oliveira, como ocorre aliás em qualquer interpretação. Pois a montagem de um conjunto único, feito das personagens mais próximas do *coração selvagem da vida*, excluía a personagem "inteligente": Joana. Pessanha se referia indiretamente aos excluídos, observando o "não-intelectualismo da *maioria* dos personagens"[27]. Mas não propunha qualquer forma de integração para eles. Na reedição do ensaio pela revista *Remate de Males*, o autor prestaria um esclarecimento prévio dizendo que as "poucas e inessenciais alterações" visavam a atualizar referências à obra. Ao falar do traço de não-intelectualismo na caracterização, explicaria em nota atualizadora que "Macabéa, de *A Hora da Estrela*, mostra que Clarice jamais abandonou os "pobres de espírito"[28]. Mas significativamente não mencionaria Rodrigo, o

---

27. *Remate de Males,* cit., p. 184, grifo meu.

28. *Idem,* p.198, nota 52

contraponto "inteligente" da nordestina. Não falaria das duas personagens de *Um Sopro de Vida*[29]. E nem da faceta de sujeito detentor do poder de linguagem, própria da G.H. que relata, e que projeta, como forma de alteridade, a G.H., personagem relatada. E aqui há outro aspecto a anotar.

Como o ensaísta não tematizava a ambigüidade da construção de G.H., como narradora e personagem, ao mesmo tempo; como seu pressuposto era o de que a obra teria em vista o encontro "sem mediações" com a vida da raiz; como por "mediação" entendia as entidades matemáticas "intermediárias" de Platão, o que significa o raciocínio discursivo-racionalizador; concluía então que a mediatização, como no caso do professor de matemática, seria o "crime" da recusa da relação direta do homem com a realidade, crime que G.H. não cometeria. Mas se *A Paixão Segundo G.H.* é antes de mais nada um questionamento da natureza das relações entre o verbal e o não-verbal – "viver não é relatável", diz G.H.–, não há como deixar de ver, na própria linguagem que constrói a experiência vivida, uma forma de mediação – que não é evidentemente "racionalização". Mas paralelamente a essa forma principal de mediação, surge outra: os intermediários entre a G.H., narradora e ser de linguagem, e a personagem, como uma terceira pessoa no além da fronteira verbal, congelada na fotografia. Entre ambas, os demais intermediários: Janair, os desenhos no mural, a barata. Nada que lembre "racionalização".

---

29. Em "Acordes do Ser", resenha de *Um Sopro de Vida* para a revista *Veja*, de 7.2.1979, Pessanha voltava às considerações anteriores sobre a experiência de confronto direto com o ser, que Clarice tentara desde sempre. Mas enfatizava sobretudo que "a obra se concentra no desdobramento do escritor que cria seu duplo", sem se referir que também no caso de *A Hora da Estrela*, há esse desdobramento e que ele depende da faceta "inteligente" da personagem que assume o papel de avatar do autor.

A exclusão das personagens que não se acomodam à chave proposta corresponde a outras exclusões. *A Paixão Segundo G.H.* negaria a transcendência, sua linguagem só sendo religiosa entre aspas: a forma religiosa seria disfarce, maneira "sonsa" de apresentar uma visão profana, dessacralizada. G.H. e Martim recusariam "subir", pois não desejariam a ascese e sim, antiplatonicamente, cavar "o fundo da caverna em busca de raízes". Do mesmo modo, o "tropismo do começo" próprio da experiência da obra, levaria à vida das raízes, ao antiintelectualismo, à noite da pobreza de espírito. Mas então Pessanha – que fazia de *A Paixão Segundo G.H.* seu ponto de chegada – lembrava-se de que o que aí se expõe é a luz mais intensa. A saída seria sugerir que a noite (a das raízes, de Martim) talvez fosse apenas "disfarçada vocação para a luz" pois "a ambição de absoluta radicalidade ultrapassa as raízes..." Em conclusão, "recusar a ascese racionalizadora e descer ao fundo – é subir". Desse modo, o crítico parecia oscilar entre se postar de um lado da realidade da obra – o que caberia para *A Paixão Segundo G.H.* –, o outro lado aparecendo como "disfarce"; e assumir que o par é mais verdadeiro que cada um dos termos. Recusava-se a ascese racionalizadora; mas não a subida que desce ao fundo.

A Cidade Sitiada seria um dos "arautos" da paixão. Vem no último lugar de uma seqüência que percorre os contos de *Laços de Família* e *A Legião Estrangeira*. O sentido do título se vincularia ao sentido geral atribuído à obra: a essência do homem seria permanentemente uma "cidade sitiada" pois os bichos que o espreitam exigiriam dele "a delimitação que define". O sítio seria "o cerco da animalidade" em função do qual o homem teria que mostrar o que é: seu sentido, sua essência. Pessanha não questionava o estatuto das personagens da obra. Dela utilizava somente a figura da presença maciça do *outro*, na pele da animalidade.

Antes de *A Paixão Segundo G.H.*, onde se daria a redução fenomenológica, haveria apenas "redução psicológica", caso de Martim

CLARICE LISPECTOR: UMA POÉTICA DO OLHAR

e das personagens dos contos. Mas aqui é preciso lembrar que, para ocorrer tal redução, é preciso haver psiquismo humanizado – como no caso das tantas *tontas*, a portuguesa, de "Devaneio e Embriaguez de uma Rapariga" e Laura, de "A Imitação da Rosa", por exemplo. Nas personagens de *A Cidade Sitiada*, ao contrário, tal humanização chega a ser inexiste em alguns casos, como o de Efigênia.

Quanto a *A Maçã no Escuro*, Pessanha aí via um não-romance: a "não-história de `como se faz um homem' no não-tempo". E isto porque "todo começo de História é sem historicidade. É princípio absoluto, é 'lei' intemporal da História". O recuo de Martim à essencialidade possuiria um "ímpeto de des-pensamento", uma "maneira de recuperar a fonte do pensamento mesmo e meio de deixar de ser inteligente". Ora, ambos os traços – o não-tempo e a não-inteligência – se encontram já claramente definidos em *A Cidade Sitiada*, obra que radicaliza o processo de figuração da não-inteligência. Pois enquanto Martim deve se esforçar para atingir a condição de não-inteligência, em Lucrécia e Perseu essa condição é o dado. E é esse o dado que será relançado em *A Maçã no Escuro*.

Embora tendo estreado pela imprensa em 1965, Benedito Nunes publicaria em 1966 seu primeiro livro, *O Mundo de Clarice Lispector*[30]. Nele já ficava configurada a visada filosófico-existencial que se tornaria uma vertente fecunda dos estudos claricianos. Mas somente em 1973 apareceria *Leitura de Clarice Lispector*, onde o crítico abordava toda a ficção da autora, até *Uma Aprendizagem ou o Livro dos Prazeres*[31]. Nunes apontava aspectos fundamentais

---

30. Informações sobre local, data e veículo de publicação dos trabalhos de Nunes foram colhidas também na bibliografia de *A Escritura de Clarice Lispector*, de Olga de Sá, Petrópolis, Vozes; Lorena, FATEA, 1979.

31. *Leitura de Clarice Lispector* foi publicado em São Paulo, pela Quíron, em 1973. Posteriormente seria republicado em 1989, com acréscimos, revisão e o título de *O Drama da Linguagem* (ver referências na bibliografia).

de *A Cidade Sitiada* . Sua diferença com relação aos romances anteriores se daria em termos de ângulo de visão: esses centrados na consciência da personagem, aquele distante dela. Era apontado o problema da alegoria, cuja relevância se verificava já pelo título do capítulo que comentava a obra: "*A Cidade Sitiada*: Uma Alegoria"[32]. Por sua importância, o tema será comentado mais detidamente no capítulo 5 deste trabalho.

As atitudes das personagens seriam circunscritas pelo espaço do subúrbio, outro elemento diferenciador da obra. Além disso, a transformação da cidade em metrópole daria os limites da ação novelesca. O romance, composto de "quadros estáticos da vida de província", enfatizaria a caricatura e o grotesco, na apreensão dos gestos. E realçaria o humor "ausente dos romances anteriores, como dimensão própria da obra". A "experiência interior" das personagens iria na direção das de *Perto do Coração Selvagem* e *O Lustre*: inquietude, desejo de transgredir limites etc. Mas diferentemente do que ocorria nos dois primeiros romances, o distanciamento narrativo tornaria maquinais a gestualidade das personagens, no terceiro. Tal distanciamento permitiria também operar uma "reversão da experiência interna, objetificada para o próprio sujeito, como reflexo de uma realidade que lhe é estranha e com a qual ele se identifica". Assim Lucrécia, que seria um modo de ser de S. Geraldo, participaria de uma cena da qual seria, "ao mesmo tempo, atriz e espectadora".

O problema da objetificação do sujeito havia já sido posto nos ensaios de 1965 que constituiriam o capítulo 2, sobre Clarice, de *O Dorso do Tigre*. Nunes explicava que, contrariamente ao acosmismo de Kierkegaard – que limita a realidade do ser humano à subjetividade –, em Clarice essa subjetividade "é apenas um momento privilegiado dessa experiência que... possui extensão universal e ca-

32. Capítulo 2 da primeira parte de *O Drama da Linguagem*.

ráter cósmico". E também que "a existência humana, individualmente considerada, torna-se aí apenas um aspecto ou um modo determinado da existência universal, que se manifesta em todas as coisas e até nos mais humildes objetos". Além disso, "a existência universal, cósmica, nivela tudo quanto existe", não havendo, para Clarice, "senão uma hierarquia provisória"[33].

Esse predomínio da existência universal, que é também abertura da existência humana individual a algo mais amplo, seria referido pelo crítico a *A Maçã no Escuro* e *A Paixão Segundo G.H.* E aí está o ponto a ser sublinhado. Pois embora tenha notado, no romance de 1949, a objetificação do sujeito — forma de manifestação da existência cósmica — Nunes não o considerara como um momento privilegiado desse processo. Seria na fase inicial de Martim que ele veria a experiência da "existência irredutível, inexplicável, das coisas que não precisam de nós para existirem tal como existem" pois elas "vivem de uma vida própria, assediando a consciência. O prestígio delas é completo"[34].

O que este trabalho pretende mostrar é que essa fase inicial de Martim reproduz a experiência mimética de *A Cidade Sitiada*, obra que se propõe a construir o conhecimento da coisa no plano da própria coisa. E onde não há propriamente objetificação da experiência interna do sujeito, já que não há algo que de início se apresente como sujeito dotado de uma experiência interna previamente construída, a ser depois objetificada. Há o contrário: uma existência objetiva mascarada de indivíduo humano, máscara cuja precariedade aparece o tempo todo na pertinência pesada desse *humano* ao plano das coisas. Nunes localizava no início de *A Maçã no Escuro* o "prestígio" das coisas. Penso, ao contrário, que está em *A Cidade Sitiada* a gênese desse prestígio.

33. *O Dorso do Tigre*, p. 122.
34. *Idem*, p. 123.

Na década de 1970, o trabalho de maior fôlego sobre *A Cidade Sitiada* se encontraria em *A Escritura de Clarice Lispector*, de Olga de Sá[35]. Nele encontraríamos outra vez uma visão bastante negativa da obra. Mas, diferentemente do que ocorrera com Luis Costa Lima, essa visão se integrava a uma leitura global, francamente entusiástica e identificada com a ficção clariciana. A observação de seus aspectos mais relevantes permitirá verificar que o julgamento negativo decorre da escolha de um centro de interesse teórico a partir do qual se analisam as obras.

Antes, entretanto, cabe ressaltar que em Olga de Sá, a análise das ficções mais longas de Clarice, localizadas no capítulo "Uma Escritura Metafórico-Metafísica: – Eixos do Universo Clariceano", reunia-as entre si basicamente pela seqüência cronológica de publicação. É verdade que se tentava estabelecer um vínculo mais interno, pela compreensão do papel assumido, em cada obra, pelas entidades elementares: água, terra, fogo, ar. A tentativa, entretanto, parecia pouco convincente, talvez por falta de aprofundamento analítico.

O interesse teórico de Sá era constituído pelo exame do significado e formas várias da epifania joyceana; e por sua comparação com o que ocorria na escritura de Clarice Lispector. Joyce trabalharia, ao longo de sua obra, com três tipos de epifania: a da beleza; a epifania crítica ou antiepifania; e, em sua última fase, a epifania de linguagem. Um exemplo de epifania do belo estaria na famosa cena do encontro-visão de Stephen com a moça-pássaro, no *Retrato do Artista Quando Jovem*[36]. As epifanias críticas e corrosivas, nos contos de *Dublinenses*. E as epifanias de linguagem, no *Ulisses* e no *Finnegans Wake*.

35. Obra citada na nota 30.
36. James Joyce, *Retrato do Artista Quando Jovem*, trad. José Geraldo Vieira, Rio de Janeiro, Civilização Brasileira, 1970, p. 174.

Segundo a ensaísta, haveria em Clarice tanto as epifanias da beleza – e o exemplo é um trecho do capítulo "O Banho", de *Perto do Coração Selvagem* – quanto a antiepifania, cuja presença seria indiciada, muitas vezes, pela náusea. A dificuldade dessa transposição se vê quando o conceito de antiepifania serve, no seu peso de negatividade (*anti*), como base para uma interpretação que redunda em avaliação negativa de *A Cidade Sitiada*. A atribuição do caráter antiepifânico à história de S. Geraldo levava a ensaísta a compará-la, mais de perto, com o conto "Os Mortos", de *Dublinenses*.

Através de um tecido imagético constituído pelos semas de frio, luz e paralisia, nesse conto se flagrava um momento na vida do irlandês Gabriel Conroy, momento que simbolizaria a lenta degradação e morte de sentimentos e pessoas, na vida de província. *A Cidade Sitiada* teria, junto com as diferenças, também as semelhanças, que fariam com que S. Geraldo fosse uma "réplica de Dublin". Embora tendo se referido às diferenças entre as duas obras, a ensaísta acabava salientando mais as semelhanças, o que não parece ser o caso. Senão vejamos. No conto de Joyce, que tem também valor claro de descrição de costumes, o tratamento das personagens segue um padrão comum na ficção realista: no centro, uma psicologia profunda; à sua volta, personagens mais ou menos planas. Em *A Cidade Sitiada* faltam psicologias profundas, pois o tema é a visão que se faz no plano das coisas. Essa falta era registrada por Olga de Sá como traço negativo, decorrente da impossibilidade de visão epifânica, por parte das personagens. Assim, como o interesse nuclear era o conceito de epifania – enquanto visão da beleza –, o reverso aparecia como falta.

A começar pela afirmação de que Lucrécia, "incapaz das epifanias da visão, reduz-se ao *ver* de superfície, paradigma da epifania irônica ou antiepifania..."[37]. Afirmação que depois seria

---

37. *A Escritura de Clarice Lispector*, p. 156.

INFORTÚNIOS DE UMA CIDADE

completada com a observação de que S. Geraldo seria a cidade daqueles que degradaram o *ver*, reduzindo-o ao *espiar*[38]. Entretanto, o termo "ver" e seus aparentados são tão freqüentes em *A Cidade Sitiada* quanto o "espiar". Além disso, "espiar" substitui algumas vezes "olhar" ou "ver" propositalmente, como tentativa de caracterizar um olhar especial, que se faz como sítio às coisas. "Espiar" é o modo de ver de quem enfrenta pacientemente aquilo que se nega ao olhar. Lucrécia não é *voyeur*, é espiã. Fato comprovado pela narradora ao dizer que só não se sabia é "em nome de que rei ela era uma espiã". Além disso, "espiar" não é sinônimo de má visão. Ao contrário, significa ver de modo extremamente atento: "Espiando. Porque alguma coisa não existiria senão sob intensa atenção..."[39].

O que parece ser de difícil compreensão para uma interpretação que trabalhe com o pressuposto de que a visão é sempre visão *de algo* – e principalmente de algo *belo* – é que se possa tematizar o próprio ver: seus modos inusitados, numa relação nova entre vidente e visível. Que a visão não depende da qualidade do visto, é a própria Joana quem diz: "Para se ter uma visão, a coisa não precisava ser triste ou alegre ou se manifestar. Bastava existir, de preferência parada e silenciosa, para nela se sentir a marca"[40].

Na esteira desse equívoco inicial, apareciam outros. Lucrécia seria "o reverso, a burla ou a caricatura de Joana e Virgínia". Lucrécia é reverso de Joana, sim. Mas o reverso que Joana traz dentro de si própria, nas formas das *outras*, as mulheres mudas em quem ela se revê: Lídia, a mulher da voz etc. E se a alteridade que Lucrécia representa se constrói em chave de caricatura, é porque com fre-

---

38. *Idem*, p.192.
39. *A Cidade Sitiada*, p. 91.
40. *Perto do Coração Selvagem*, p. 42.

CLARICE LISPECTOR: UMA POÉTICA DO OLHAR

qüência esse é o modo de tratamento da realidade do corpo[41], elaborado culturalmente como alteridade com relação ao espírito. Quanto à afirmação de que "o foco narrativo em terceira pessoa, em nenhum momento se identifica com a personagem principal", será visto depois que a complexidade das relações de identificação e estranhamento entre narradora e personagens indica algo diverso disso. Também parece problemático dizer que o romance trabalha com a categoria do "tempo histórico", por inserir S. Geraldo na década de vinte[42]. E mesmo as marcas cronológicas que freqüentam o romance[43] são somente, como se mostrará melhor no capítulo sobre tempo e espaço, caricatura de cronologia.

Parece, ainda, problemático pensar que, em *A Cidade Sitiada,* a reversão da função epifânica exprimiria, pela ironia, "quanto custa o progresso ao homem e como é empobrecedora a vida das grandes metrópoles"[44]. Numa escritora que faz do paradoxo o meio de apreensão do real como convivência dinâmica de elementos antagônicos, procurar uma moral da história pode significar o aniquilamento desse dinamismo. Se a marcação cronológica é caricatura de tempo histórico, o progresso caricatura uma transformação que não é, entretanto, de natureza teleológica.

Em "Paródia e Metafísica"[45], trabalho relativamente breve, publicado já no fim da década de 1980, Olga de Sá retomaria a configuração acima mencionada, identificando na escritura de Clarice

41. Aqui a referência é o estudo de Mikhail Bakhtin sobre Rabelais, *A Cultura Popular na Idade Média e no Renascimento: O Contexto de François Rabelais*, trad. Yara Frateschi Vieira, São Paulo, HUCITEC; Brasília, Ed. Universidade de Brasília, 1987.

42. *A Escritura de Clarice Lispector*, p. 189.

43. *Idem*, p. 93.

44. *Idem*, p. 191.

45. Em Clarice Lispector, *A Paixão Segundo G.H.*, edição crítica, p. 215.

INFORTÚNIOS DE UMA CIDADE

dois tons: o maior, correspondente aos momentos metaforicamente mais densos e que estaria presente nas passagens epifânicas. E o menor, "o contracanto", correspondendo ao pólo paródico instaurado em *A Cidade Sitiada*. Pelo termo "menor" se recuperava a valoração negativa antes manifesta na classificação da obra como antiepifania. Essa polaridade porém ficaria mais explícita na obra seguinte da autora, *Clarice Lispector: A Travessia do Oposto*[46].

Pretendendo explorar o pólo paródico da Obra de Clarice, a ensaísta começava por definir o conceito de paródia com que operaria. Não a paródia entendida como "duplo grotesco dos chamados "gêneros nobres"[47], mas a paródia séria, "canto paralelo, diálogo intertextual, escritura especular ou simples retomada de um texto pré-existente"[48]. Paródia, então, implicaria basicamente uma atividade metalingüística de reversão, ressaltando-se, além disso, sua natureza dúplice de fato de escritura e de leitura, simultaneamente. De tal modo que "a análise interna de um texto e sua descrição retórica não são suficientes para revelar seu caráter paródico"[49]. Na seqüência, cada um dos capítulos analisava um romance, do ponto de vista da reversão que operaria com relação seja a alguma obra da tradição, seja a outra da própria Clarice.

46. *Clarice Lispector: A Travessia do Oposto*, São Paulo, Annablume, 1993. A obra é resultado de tese de doutorado em Comunicação e Semiótica da PUC-SP. São Paulo, 1983/84. Embora a data de apresentação da tese seja anterior à da publicação do ensaio "Paródia e Metafísica", a semelhança das formulações contidas em ambos deixa a impressão de terem sido elaborados pela mesma época.

47. *Clarice Lispector: A Travessia do Oposto*, p. 23.

48. Chamada da página de rosto da revista *Tempo Brasileiro* (62):5, jul.-set. 1980, número monográfico sobre a paródia. *Apud* Olga de Sá, *op. cit.*, p. 26.

49. *Op. cit.* , p. 25.

Limito-me a sumarizar o capítulo 1, referente a *A Cidade Sitiada*, e comentá-lo, tendo em vista as diferenças com este trabalho.

Já no título, "A Reversão Paródica do Ver em Espiar: o Signo Sitiado", retomava-se a afirmação anterior segundo a qual o espiar de Lucrécia significaria uma degradação do ver. *A Cidade Sitiada* seria paródia de *Perto do Coração Selvagem* e de *O Lustre*. O ponto de partida da constituição desse pólo paródico, como se viu, era a afirmação da existência de um primeiro – o pólo epifânico – com relação ao qual a paródia se erigiria, como avesso e segundo. O problema do pressuposto continuava atuando: caracterizado o que se entendia por epifania da beleza, a "epifania gloriosa", caracterizava-se também, por oposição, o seu negativo: o texto de *A Cidade Sitiada*,

> [...] em espelho, é o avesso da epifania que, em *Perto do Coração Selvagem*, nos revela o despertar da puberdade de Joana. O que lá é graça e flexibilidade de movimentos, gestos harmoniosos, aqui é deformação e caricatura, cacoetes. Estes parodiam aqueles, para que Lucrécia, em vez de nascer para a vida de mulher, se imobilize em objeto, em estátua[50].

Entretanto, considerar as imagens de beleza como elemento fundante da leitura de uma escritora como Clarice Lispector implica um julgamento de certo modo desabonador de uma parte significativa de sua Obra. Mesmo que esse não seja objetivo manifesto da ensaísta. Mesmo que ela sublinhe que trabalha com o conceito de paródia como canto paralelo – o que anularia qualquer possibilidade de vê-lo como duplo degradado de outro texto. Ainda assim, a análise de *A Cidade Sitiada* tende a desvalorizá-la. Basta atentar para a quantidade de termos de teor depreciativo: *degradação, deterioração, deformação, inadequação, incapacidade, kitsch* etc.

---

50. *Idem*, p. 25.

São alinhados no lado da paródia mais da metade das ficções longas de Clarice, entre as quais *A Maçã no Escuro* e *A Paixão Segundo G.H.* A própria Clarice aponta indiretamente o quão discutível pode ser uma tipologia baseada num padrão convencional de beleza. A tentativa de G.H. é justamente ir ao mundo, indo além do humano que instaura dualidades. "Também a beleza do sal e a beleza das lágrimas, diz G.H., eu teria de abandonar. Também isso, pois o que eu estava vendo era ainda anterior ao humano". E ainda:

> [...] sentia que o meu de dentro, apesar de matéria fofa e branca, tinha no entanto força de rebentar meu rosto de prata e beleza, adeus beleza do mundo. Beleza que me é agora remota e que não quero mais...talvez nunca a tivesse querido mesmo, mas era tão bom! eu me lembro como o jogo da beleza era bom, a beleza era uma transmutação contínua[51].

Neste ponto, cabe um esclarecimento. Olga de Sá fala em paródia como "avesso" e "reversão", conceitos fundamentais também para o presente trabalho. De fato, considera-se que a relação entre as obras de Clarice é de reversão, sendo uma o avesso da outra. De modo que o conceito de paródia, como diálogo e intertextualidade, parece ser muito valioso para entender aquela relação. Só que aqui não se elegeu elemento algum como ponto de partida para a definição do que seria o modelo parodiado. Procurou-se, ao contrário, ter em vista os conceitos de *carne* e *quiasma*, de Merleau-Ponty, na medida mesma em que permitem ir além da necessidade de estabelecer pontos de partida, uma vez que a realidade do par importa mais do que cada um dos lados. E é justamente esse, a meu ver, o caso da Obra de Clarice. Assim, *A Cidade Sitiada* poderia ser o avesso de *Perto do Coração Selvagem*, que poderia ser o avesso de *A Hora da Estrela*, que poderia ser o avesso

---

51. *A Paixão Segundo G.H.*, p. 55.

de *Agua Viva* etc. Pois cada uma é somente um momento na constituição de uma escritura total que se faz, até certo ponto, como dinâmica de reversibilidade e jogo de diferenças. E cada uma leva em conta todas as outras para se erigir como singularidade.

Em conformidade com o ponto de partida acima referido, a seqüência das observações sobre o romance não fazia outra coisa senão acumular falha sobre falha. Efigênia, por exemplo, reuniria em sua espiritualidade marcas dos dois tipos de epifania. Seria "gloriosa" a paisagem que a circunda: "a umidade das árvores, um pássaro, a névoa para o lado da ferrovia" etc. Mas corrosiva a epifania vinculada ao corpo: "em sua transfiguração não há êxtase, mas coceira; sua dureza não é ascética: é reumatismo"[52]. Observação semelhante era feita com relação ao corpo e atividades domésticas de Lucrécia. Sua pesada pertinência à esfera da animalidade, através da identificação com os cavalos, por exemplo, fazia a ensaísta observar que ela "beira o grotesco", quando "dá coices na caùda do vestido, bate as patas no chão e olha as coisas como um cavalo, *de lado*"[53]. Sua incapacidade de êxtase se deveria ao fato de estar seu espaço místico circunscrito ao âmbito prosaico da cozinha às duas horas da tarde[54].

Como se vê, erigidas as realidades do espírito como pólo privilegiado da experiência, o plano do corpo, bem como o das atividades tidas como banais, próprias do universo feminino – que junto com o corpo se constituem culturalmente como avatares da alteridade – passavam a ser vistos como formas degradadas. Deste modo, a transfiguração não é êxtase como atributo do espírito, mas degenera como manifestação corporal de coceira. E a dureza de Efigênia só seria postura "gloriosa" se estivesse do lado da atividade espiri-

---

52. *Clarice Lispector: A Travessia do Oposto*, p. 42.

53. *Idem*, p. 57.

54. *Idem*, p. 67.

INFORTÚNIOS DE UMA CIDADE

tual do ascetismo. Mas, ao dizer respeito ao reumatismo como afecção corporal, tornava-se degradação. É também eloqüente a expressão usada para referir a identificação de Lucrécia com os cavalos: ela "beira o grotesco". Como se "grotesco" caracterizasse tão somente um defeito da obra e não pudesse ser sua forma mimética própria. Não surpreende pois o tom com que a ensaísta afirmava que "aliás, tudo quanto se pode colher de espiritualidade, em S. Geraldo, é ao revés"[55].

Creio não ser necessário dar muitos exemplos de que corpo e feminilidade não são formas de degradação, mas temas privilegiados da Obra de Clarice. Se Lucrécia é grotesca por se assemelhar a animais, o mesmo se pode dizer de Pequena Flor, parecida com macaco e cachorro, ou de Almira, personagem central de "A Solução", comparada com um elefante. De G.H. ou da dona de casa de "A Quinta História", identificadas com as baratas que são elas próprias, por serem seu avesso. Ou ainda da dona de casa de "O Ovo e a Galinha", que se identifica com a galinha. Grotescas são também as descendentes de Lucrécia, a barata e Macabéa:

A barata, diz G.H., é um ser feio e brilhante. A barata é pelo avesso...Ela me olhava. E não era um rosto. Era uma máscara. Uma máscara de escafandrista. Aquela gema preciosa ferruginosa. Os dois olhos eram vivos como dois ovários...[56].

E Macabéa, olhando-se no espelho, vê-se "tão jovem e já com ferrugem"[57]. Que a ferrugem coexiste, na barata, com a gema preciosa; e em Macabéa, com o brilho entrevisto na opacidade de seu

55. *Idem*, p. 43.
56. *A Paixão Segundo G.H.*, p. 50.
57. *A Hora da Estrela*, p. 32.

7 3

rosto pardo – isso mostra claramente a impropriedade da tentativa de disjuntar o que deve se manter em conjunção.

Na visão de Olga de Sá, porém, o processo disjuntivo reduzia a seus próprios termos outros aspectos analisados. Aparecia na separação entre o ver "por dentro" e o ver "de fora", Lucrécia sendo considerada como incapaz de "ver por dentro"[58]. Aqui basta atentar para palavras da própria Clarice para perceber o equívoco da disjunção:

> ...eu estou , como a própria realidade, dos dois lados. É que o mundo exterior tem também seu *interior*, daí a questão, daí os equívocos.[...] A palavra *dicotomia* é uma das mais secas do dicionário[59].

Supostamente impossibilitada de "ver por dentro", Lucrécia seria, como a narradora, uma *voyeuse*, uma vez que o que vê no quarto pelo buraco da fechadura "desapareceria se a porta se abrisse". No afã de fazer tudo caber na moldura do conceito de reversão degradada, a ensaísta apelava para um único dentre os muitos gestos visuais da moça para caracterizá-la como *voyeuse*. Se esse único gesto fosse recolocado no contexto em que aparece, durante uma demorada atividade visual em que os objetos são vistos de vários e inusitados ângulos (de viés, de baixo para cima, em movimento etc.), ele deixaria de figurar como decorrente de um olhar *voyeur*. Pois no *voyeur* existe uma subjetividade cujo desejo de conhecimento é de natureza ambígua: conhecimento espiritual e carnal, ao mesmo tempo. Se mal se pode ver uma subjetividade em Lucrécia, pouco há nela de *voyeuse*, seu olhar

---

58. *Clarice Lispector: A Travessia do Oposto*, pp. 55-56.

59. Trata-se de trecho de resposta em entrevista publicada pelo *Jornal do Brasil* em 18.9.1963. *Apud* Claire Varin, *Clarice Lispector – rencontres brésiliennes*, Québec, Ed.Trois, 1987, p. 149. A tradução é minha.

INFORTÚNIOS DE UMA CIDADE

sendo, isto sim, uma tentativa de agarrar o fenômeno em sua nudez. E aqui surge outro problema.

Em decorrência da visão falhada, "as coisas vistas perdem qualquer mistério ou profundidade. Como aparecem são". E mais: como a narrativa diz que o erro fazia Lucrécia "encontrar a outra face dos objetos e tocar-lhes o lado empoeirado", a ensaísta concluía que "a outra face não é o escondido; é a poeira, algo que se pode espanar"[60]. O pressuposto da visão epifânica engendrava outro: o de que a atividade visual suporia a existência da aparência, como cobertura enganosa de uma essência, tida como verdadeira. Como se o lado empoeirado da realidade só pudesse ser sua face degradada, problema que um simples espanador resolveria. Como se esse lado empoeirado, não pudesse ser metáfora do que exatamente *A Cidade Sitiada* faz com o mundo: descortina-o como realidade visível renovada ao tocar seu lado esquecido, o lado *outro*.

A ausência de mistério iria junto com uma linguagem "objetiva, direta, seca, enxuta, geométrica", ela também incapaz de descobrir o ser, uma vez que "a maçã jamais estará no claro, mas no escuro"[61]. Como se os exercícios visuais mais intensos na Obra de Clarice não se fizessem em plena luz do dia: o de G.H. e o da dona-de-casa de "O Ovo e a Galinha", por exemplo. Mas esse conjunto de incapacidades teria ainda duas decorrências.

A narrativa seria a construção consciente da "banalização da narrativa", juntamente com "a necessidade de pactuar com as convenções literárias, mesmo que seja para ironizá-las". Caberia perguntar a essa altura de que espécie seriam a banalidade e convencionalidade de uma obra tida como estranha pela maioria absoluta de seus críticos. Inclusive por Olga de Sá, que abria seu

60. *Clarice Lispector: A Travessia do Oposto*, p. 69.
61. *Idem*, p. 70.

75

CLARICE LISPECTOR: UMA POÉTICA DO OLHAR

capítulo dizendo que "*A Cidade Sitiada* é um dos mais estranhos romances de Clarice Lispector"[62].

Finalmente, a última incapacidade. Distinguindo entre icônico (como analógico) e indicial (como causal), a ensaísta pensava a ficção clariciana como orientada para o icônico. Dada a natureza indicial do gesto de apontar com o dedo, recorrente nessa ficção, era necessário esclarecer que ele aspirava "à fundação do ser", sendo na verdade "gesto paradisíaco, adâmico, icônico" tal como se realizaria em *A Maçã no Escuro*. Mas em *A Cidade Sitiada*, ao contrário, a inversão paródica destituía tal gesto de iconicidade, fazendo dele um "índice sem outro referente que o seu próprio vazio"[63]. O presente trabalho tem em vista mostrar, entre outras coisas, que se vazio houver em *A Cidade Sitiada*, será o vazio característico da arte de Clarice. Não o vazio da esterilidade, mas o vazio como lugar da possibilidade incessante de criação.

Em sua tese de doutorado, Claire Varin retomaria em 1986, observações de Benedito Nunes e de Olga de Sá, para compor um comentário de *A Cidade Sitiada* que pouco avançava em relação aos anteriores. Como Olga de Sá, Varin francamente se identificava com a Obra de Clarice. Mas de modo semelhante ao de Reinaldo Bairão, para quem os romances de 1946 e 1949 eram "de ligação" entre o anterior e os seguintes. Pois, para ela, *A Cidade Sitiada* comporia com *O Lustre* "a base de uma figura triangular da qual *Perto do Coração Selvagem* constitui o topo, a ponta irradiante". Além disso, "tudo se passa com efeito como se do primeiro ao terceiro livro a intensidade decrescesse"[64].

62. *Idem*, p. 37.

63. *Idem*, p. 72.

64. Claire Varin, *Clarice Lispector et l'esprit des langues*, Ph.D. Dep. d'Études Françaises; Faculté des Arts et des Sciences; Faculté des Études Supérieures, Université de Montréal, setembro de 1986, p. 139. A tradução é minha.

INFORTÚNIOS DE UMA CIDADE

Daí se seguiam outras características negativas. Lucrécia "não terá jamais a força de Joana, nem mesmo a de Virgínia". Observação a que se poderia responder que, ao contrário, vista a questão por outro ângulo, seria possível dizer que a força de Lucrécia (e de Perseu e Efigênia) seria até maior: a de engendrar, com seu exemplo, a barata e Macabéa. Ambas também supostamente fracas na sua mudez e insignificância aparente, sem as quais, no entanto, não haveria a força de *A Paixão Segundo G.H.* e *A Hora da Estrela*. Outras negativas mais: "*Pas* de bouleversement de la chronologie, *pas* de permutation de pronoms..."[65]. E ainda: diversamente do que ocorria antes entre narrador e personagem através da técnica do monólogo interior, o narrador de *A Cidade Sitiada* não se identificaria com Lucrécia. Negativas todas que, como se vê, retomavam Nunes e Olga de Sá. Na esteira dessa retomada, algo se afirmava: a existência na obra de um "espaço-tempo determinado: o subúrbio de S. Geraldo, nos anos 20".

O curioso é que, ao lado da aceitação das interpretações que paravam na negatividade, a ensaísta ouvia também a própria Clarice. E apontava outras carências que teriam servido para encontrar a positividade própria da obra, se delas tivessem sido tiradas mais conseqüências. Dizia que "a falta de profundidade de Lucrécia conviria justamente para dar conta da 'espécie de integridade espiritual de um cavalo', sua falta de inteligência, para ver a realidade pela maneira como um animal pode olhá-la..."[66] E considerava a obra como "essencial no movimento de evolução de Clarice Lispector" já que aí se integraria o modo imparcial pelo qual o animal "não distingue o belo do feio, a rosa da barata"[67]. A ensaísta ficava, assim, a meio caminho de um reconhecimento mais pleno do valor do romance.

65. *Idem*, p. 140, grifos meus.
66. *Idem*, p. 141. A citação é da crônica do *Jornal do Brasil* de 21.2.1970. *A Descoberta do Mundo*, p. 416.
67. *Idem*, p. 141.

A análise de *A Cidade Sitiada* feita por Maria Teresinha Martins em 1988 fazia parte de um estudo mais amplo sobre a natureza existencial do narrador clariciano. Ele servirá aqui sobretudo como caso exemplar das dificuldades que têm enfrentado tentativas, como essa, de adequação das obras de Clarice a modelos prévios ou a esquemas rígidos. O procedimento em geral consiste em localizar um esquema adequado para uma obra em particular e em seguida mostrar sua operacionalidade para as demais. No estudo em questão, a autora tomava de outro ensaísta um modelo construído com o auxílio do conceitual existencialista e buscava sua aplicação nas narrativas de Clarice. Uma grande quantidade de equívocos parece decorrer dessa tentativa. Limito-me aos que se referem a *A Cidade Sitiada*.

A ensaísta procurava aplicar às ficções longas um modelo pelo qual a personagem se definiria, existencialmente, como sujeito ou objeto da história, pelo modo de manifestação da voz narrativa. Assim, nos relatos em que atuassem simultaneamente 1ª e 3ª pessoas, a construção da narrativa seria feita conjuntamente por narrador e personagem – caso de *Perto do Coração Selvagem*, *A Maçã no Escuro* e *Uma Aprendizagem ou o Livro dos Prazeres*. Nos de 3ª pessoa, as personagens seriam "objetos da história por serem memória do narrador" – *O Lustre*, *A Cidade Sitiada* e *A Hora da Estrela*. E nos de 1ª pessoa, as personagens fariam sua própria história, configurando-se esses como romances de síntese do processo narracional de Clarice – *A Paixão Segundo G.H.* e *Água Viva*.

Por esse esquema, haveria as personagens que, como Joana, ainda não possuiriam "uma consciência plena da existência", daí sua expressão necessitar em parte do auxílio do narrador. E aquelas francamente "inautênticas" vivendo num "mundo degradado", como Virgínia, Lucrécia e Macabéa[68]. As personagens seriam

68. *O Ser do Narrador nos Romances de Clarice Lispector*, Goiânia, CERNE, 1988, pp. 12-14 e 21.

INFORTÚNIOS DE UMA CIDADE

inautênticas porque se desindividualizariam. E isso se daria por sua absorção pela narradora que, então, seria erigida em individualidade única. Tal situação responderia pela "inconsciência" das personagens que, "reificadas" estariam impossibilitadas de expressar sua problemática existencial. Nesse caminho, os "pensamentos" de Perseu, por exemplo, não seriam reflexões "mas simples memória do narrador".

Ocorre, porém, que os pensamentos de Perseu não são efetivamente uma reflexão porque ele decora palavras de um livro. E mais: do ponto de vista da função de Perseu e do sentido global da obra, não é pertinente esperar reflexões das personagens. Pois trata-se, isso sim, de mostrar o pensamento no plano da realidade corporal: "decorar era bonito. Enquanto se decorava não se refletia, o vasto pensamento era o corpo existindo..."[69]. E que é essa pertinência à realidade das coisas que faz com que sua harmonia não se possa verbalizar: "...jamais poderia transmitir a alguém o modo pelo qual ele era harmonioso, e mesmo que falasse não diria uma palavra que cedesse a polidez de sua aparência: sua extrema harmonia era apenas evidente"[70]. Novamente, *A Cidade Sitiada* é vista como negatividade – agora a "inautenticidade" – em função da suposta positividade de outras obras. Desta vez, aquelas em que a personagem conta sua própria história. Novamente, o romance de 1949 aparece como falha.

Em 1990, o ensaio "O Desejo Não Mora em Casa (Alguns Espaços na Obra de Clarice Lispector"), de Nádia Battella Gotlib, trazia uma contribuição significativa para a compreensão global do romance de 1949, em pelo menos dois momentos. Quando encontrava seu eixo gravitacional na "tensão entre o *ser periférico* e

69. *A Cidade Sitiada*, p. 28.
70. *Idem*, p. 27.

central..."[71]. E quando detectava a existência de "estruturas de superfície", nas quais "a cidade volta-se para si mesma", e "estruturas de profundidade" direcionadas "para cima ou para baixo, subterrâneas ou etéreas, reatando os laços com a cultura espiritualista ou com a cultura agrária arcaica"[72].

Este aspecto estaria relacionado a outro, referente à lógica da sintaxe narrativa de Clarice: "quanto mais se mergulha na profundidade das coisas, mais se destaca a casca da superfície. E quanto mais se volta para a fachada da superfície, mais emerge o seu avesso, sob a forma final e definitiva do que se procura: o núcleo da coisa"[73]. Com isso, a ensaísta permitia indiretamente pensar um aspecto que parece fundamental para a compreensão do movimento de identificação e reversibilidade que, na obra, une – como direito e avesso do mesmo – todo um feixe de polaridades: eu- outro, sujeito-mundo, interior-exterior, espírito-corpo, vidente-visível.

O ensaio continha ainda afirmações e pressupostos já encontrados em Assis Brasil e Benedito Nunes. Como esse último, a autora também se referia ao "progresso" de S. Geraldo, conceito que se poderia vincular a uma "teoria da história" fazendo-se, "pelo jeito moderno de Lucrécia participar dos prazeres temporários e aleatórios da cidade" e também "em profundidade, descendo ao parque, com seu guia, abaixo do nível do subúrbio, ela e Lucas, num prenúncio da futura relação fértil de amor adúltero, em campo de milho"[74]. Como já se mencionou no comentário a Benedito Nunes, a feição que adquirem o tempo e a história, em relação com um dos temas dominantes do livro – o progresso da cidade – tem

71. Revista *Tempo Brasileiro*, n. 101, Rio de Janeiro, *Tempo Brasileiro*, abr.-jun. 1990, pp. 51-64.
72. *Idem*, p. 56.
73. *Idem*, p. 62.
74. *Idem*, p. 57.

INFORTÚNIOS DE UMA CIDADE

grande importância para a configuração geral da obra. Daí merecer, num dos capítulos deste trabalho, considerações mais detidas.

O mais recente comentário de *A Cidade Sitiada* de que tenho notícia é *"O Brilho no Escuro"*, de Eneida Maria de Souza, publicado em 1992[75]. Em linguagem fluente e agradável, a ensaísta selecionava e comentava alguns aspectos da obra: o predomínio da dimensão cênica, a reprodução das pessoas nos cenários, e sobretudo a semelhança da construção da personagem com a técnica fotográfica. As afirmações sobre o tipo de subjetividade que assim se construiria têm vínculos nítidos com a reflexão benjaminiana sobre a arte pós-aurática. As técnicas mecânicas de reprodução expressariam o "gradativo desaparecimento do rosto pleno do sujeito" graças à "multiplicação de modelos" decorrente da "perda da aura do objeto". Mas a recorrência da fotografia nas obras de Clarice teria ainda a função de indiciar "o rosto fugidio e inexpressivo, o avesso da imagem tranquilizadora do ser", inscrevendo-se "sob o signo da falta e do incapturável". Após enfatizar em Lucrécia a capacidade de visão despojada, Eneida concluía mencionando uma afirmação de Lúcio Cardoso, colhida em seu *Diário Completo*. Para o escritor e grande amigo de Clarice, *A Cidade Sitiada* seria o exemplo da experiência de uma "mulher sitiada", já que para ele não existiria o homem em Clarice Lispector, uma vez que a "catalogação dos sentimentos" seria peculiaridade feminina: "o que nela queima é nostalgia do que não é – o homem". Afirmação que sem dúvida será valiosa para a crítica interessada no caráter "feminino" da ficção da escritora.

Encerro a lista dos críticos de *A Cidade Sitiada*, por um exemplo-limite: o de uma abordagem que sequer a menciona. Para mostrar que também o silêncio fala das dificuldades postas pela obra. Trata-se de dois artigos de jornal, datados de 1971, em que

---

75. Apresentação da 7ª edição da obra, Rio de Janeiro, Francisco Alves, 1992, pp. 1-4.

Regina Zilberman fazia uma análise contrastiva entre G.H., Martim e Joana, do ponto de vista da posição de cada um diante da cisão entre pensamento (inteligência, subjetividade, individualidade) e vida (mundo, existência, objetividade)[76]. Zilberman começava dizendo que G.H. anularia o pensamento, uma vez que sua história terminava pela adesão ao mundo. Sendo o pensamento "inerente à subjetividade"; não podendo, portanto, "ser descartado tão simplesmente pela vontade de fazê-lo", ela concluía que tanto G.H. como Martim fracassavam por não conseguirem encontrar a unidade do ser, dada sua dualidade interior. E que Joana, ao contrário, não conseguindo anular o pensamento mas se aceitando como dualidade, não fracassaria porque optaria finalmente "por tentar estabelecer uma harmonia entre os dois princípios evitando abdicar de algo que faz parte de sua própria constituição".

Na seqüência, a ensaísta dizia que, "ao propor o neutro enquanto tal como dimensão única de existir, G.H. crê poder escapar à estrutura da individualidade e da racionalização", sendo ela "quem leva mais radicalmente esta oposição". Entretanto, o pensamento como "estrutura inerente da personalidade", não poderia "simplesmente ser abstraído para que deixe de existir. Ele reaparece em meio à própria opção, e anula a validade desta". Isso se explicaria pelo fato de que a experiência de G.H. se daria *antes* de sua reconstrução pela linguagem. E que esta reconstrução estaria "entre a descoberta da neutralidade viva e a opção por esta".

O raciocínio parece discutível, uma vez que é sustentado pela suposição da existência de um espaço onde os opostos se separariam assepticamente: pensamento, de um lado; vida, do outro. E a de um tempo linear: o romance iniciaria "após" a aventura; e estaria "entre" a descoberta e a opção. Uma fala de G.H. mostra, entre-

---

76. "A Dualidade Interior", *Correio do Povo*, Caderno de Sábado, Porto Alegre, 20.3.1971 ; e "A Possibilidade Individual" 27.3.1971.

INFORTÚNIOS DE UMA CIDADE

tanto, a busca do efeito de fusão entre vivido e relatado, o que invalida a suposição de uma linearidade temporal:

Mas agora sei de algo horrível: sei o que é precisar, precisar, precisar. E é um precisar novo... [...] Estava sentada, quieta, suando, *exatamente como agora* – e vejo que há alguma coisa mais séria e mais fatal e mais núcleo...[77].

Seria possível afirmar, também, que o pensamento – enquanto linguagem que recria o vivido – não anula a opção pelo neutro, sendo ambos condição um do outro, direito e avesso do mesmo. O pressuposto da ensaísta explica o motivo pelo qual seria Joana a que assumiria "a sua dualidade" e partiria "para uma definição prática", aparecendo "como a personagem que ilumina inclusive o procedimento de todos os outros".

O problema dessa análise parece estar, antes de mais nada, em não vislumbrar que para Clarice se trata de anular as parelhas subjetivo/objetivo, eu/mundo, inteligência/núcleo, interior/exterior – enquanto oposições excludentes, postas cada qual de um lado separado. Se Zilberman concluía que Joana se sai melhor do que os outros, é somente porque nela está mais manifesta a vida do espírito, através da qual se vê a do corpo. Isto é, a articulista privilegiava o pólo do pensamento e dele fazia ponto de partida e parâmetro.

Disso parece decorrer a ausência de referência a *O Lustre* e *A Cidade Sitiada*. Outra vez, parece voltarem ambas à condição de destituídas de valor próprio. E isso talvez porque as personagens valeriam tanto mais, quanto mais travestidas de humanos estivessem. Quanto mais apresentassem conflitos possibilitando visualizá-las como *pessoas*. O que significa, entretanto, esquecer que a experiência de G.H. depende da barata. Deve-se considerar, naturalmente, que os artigos são anteriores à publicação de *A Hora da*

77. *A Paixão Segundo G.H.*, p. 57, grifo meu.

CLARICE LISPECTOR: UMA POÉTICA DO OLHAR

Estrela, que permite perceber mais claramente a inoperância do modelo acima mencionado. Ainda assim, ele é ilustrativo de uma visão para a qual a questão do *outro*, que se tenta salvar da exclusão, não aparece como nuclear em Clarice. E essa talvez seja a dificuldade maior a superar na construção de uma avaliação de *A Cidade Sitiada* que lhe faça justiça.

De fato, pensar essa concepção do *outro* como uma das questões centrais em Clarice parece tornar possível superar alguns dos problemas não contornados por diversos críticos de *A Cidade Sitiada*. Talvez o mais revisitado deles seja o de avaliá-la não a partir de si própria mas como negação às outras. Pensá-la como *outra* significaria tirar todas as conseqüências de uma afirmação comum, a de que Clarice trabalha o direito e o avesso das coisas. Nessa perspectiva, *A Cidade Sitiada* seria avesso, não negação. Seria a sombra sem a qual luz nenhuma é possível. Seria o silêncio, pai de todos os sons. Seria caroço e semente.

Formular diferentemente os problemas postos por essa obra parece abrir caminho para uma visada mais rica e abrangente dela e das demais. Vários dos comentários mencionados vêem na ausência de subjetividade e na exterioridade das personagens um traço desqualificador. Entretanto, não se trata tanto de ausência de interioridade em favor da exteriorização , mas da tentativa de ir além dessa dicotomia que absolutiza os dois pólos e torna um exterior ao outro. Como se mencionou na introdução, trata-se de pôr em tela de juízo uma determinada concepção de subjetividade, tida como fundamento e elemento de coesão da vida psíquica, moral e intelectual; e cuja realidade ontológica difere do mundo enquanto objetividade[78]. A obra enfatiza o espaço como exterioridade cênica, sim. Mas para mostrar que o exterior *é* o interior. Pois

78. Aqui, a referência bibliográfica é novamente o ensaio de Marilena Chauí, "A Destruição da Subjetividade na Filosofia Contemporânea".

INFORTÚNIOS DE UMA CIDADE

mais do que lados opostos de realidades diversas, interior e exterior se necessitam como o avesso e direito da mesma realidade.

A Cidade Sitiada é uma tentativa radical de percepção e construção da alteridade, pelo espelhamento da pessoa na carne exteriorizada das coisas, permitindo ultrapassar a dicotomia eu-mundo e, principalmente, uma concepção solipsista do intimismo. Eu e outro se põem entre si como direito e avesso; e ambos são aquilo que se vê. Essa radicalidade subverte a forma usual de construção do mundo, alterando-a vertiginosamente e apontando para o humano como vidente-visível. Quando se afirma que Lucrécia "estava sempre de costas para alguma coisa"[79], diz-se também que ela é a coisa olhada pelas coisas. E quando se observa que "a composição das vigas do forro era estranha e nova, como de uma cadeira dependurada..."[80]; ou que "os próprios objetos agora só podiam ser vistos de viés; um olhar de frente os veria vesgos"[81], mostra-se a atuação de um olhar subversivo, que vira o mundo pelo avesso.

Vista dessa forma, a experiência artística praticada nesta obra deixa de constituir um objeto estético de valor negativo ou menor, como sugerem muitas das críticas relacionadas, para se tornar o lugar da prática de uma literatura do concreto, do material, ponto em que o trabalho clariciano de partejar o mundo como diafaneidade corporal e densidade espiritual se põe como costura pelo avesso, sem o qual o direito não se torna visível[82]. Doravante, os próximos pontos do bordado comporão a espessura imagética de A Maçã no

79. A Cidade Sitiada, p. 31.
80. Idem, p. 53.
81. Idem, p. 55
82. Como se sabe, a própria Clarice define seu trabalho literário como costura pelo avesso, característica aliás enfatizada por Gilda de Mello e Souza em "O Vertiginoso Relance", pp. 83 e 88.

Escuro, a experiência em carne viva de *A Paixão Segundo G.H.*, a ausência de corpo tão densa de carne que, em *A Hora da Estrela*, está materializada em Macabéa.

2

No Princípio Era o Verbo-carne

> *...todo pensamento que conhecemos advém de uma carne.*
>
> MERLEAU-PONTY, *O Visível e o Invisível*

"O movimento explica a forma" (p.40)[1], repete a consciência errante de Joana, cuja história se encarna no ritmo de fluxo e refluxo da massa infinita e indivisa do mar, lá onde Joana – a guerreira – busca refúgio e refrigério ao fim de embates agônicos. Seu parentesco com Joana d'Arc é apontado pelo amante: "...santa Joana, tão virgem" (p. 159)[2].

Como a donzela de Orléans, a Joana de Clarice exibe alguns dos traços da donzela guerreira, da qual a heroína francesa é avatar[3]. Pois pelo modo como a figura materna é propositalmente

---

1. Daqui por diante até o fim deste capítulo, as indicações de página das citações de *Perto do Coração Selvagem* aparecerão no corpo do trabalho, entre parênteses.

2. Olga de Sá credita o parentesco ao fato de ambas ouvirem vozes. *A Escritura de Clarice Lispector*, p. 180. Que a mártir francesa está no universo de interesse de Clarice prova-o também uma das epígrafes de *Uma Aprendizagem ou o Livro dos Prazeres*, citação do oratório dramático de Claudel, *Jeanne d'Arc au bucher*.

3. Walnice Nogueira Galvão descreve os traços constitutivos da figura da donzela guerreira, de que Joana d'Arc é encarnação. Desses traços, alguns

borrada de sua vida desde o início, o nascimento de Joana, como ocorre com a donzela guerreira, parece se dever exclusivamente ao pai. Além disso, sua virgindade atestada paradoxalmente pelo amante, aponta para a incapacidade de exercer os papéis femininos que a natureza e a sociedade atribuem à mulher: Joana não tem filhos e, embora tenha marido e amante, não se entrega espiritualmente a nenhum deles, personagens aliás transitórias em sua vida. No início e término de sua trajetória está o pai: primeiro o pai carnal, depois o deus-pai a quem dirige a súplica final.

Mas até aqui vão as semelhanças. Como freqüentemente acontece em Clarice, os laços com a tradição são retomados e subvertidos [4]. Se a donzela guerreira é "filha de pai sem concurso de mãe" [5], o pai de Joana funciona como uma espécie de acobertamento da falta materna originária. Tanto que, em dado momento, ambos se fundem no afeto da Joana-menina para quem "mãe era como um pai" (p. 25). Nesse sentido a imagem do mar aponta para aspectos relevantes na obra. Pois sendo união de masculino e feminino, seu movimento ondulatório conformará a travessia de Joana, até o fim: "serei leve e vaga, diz ela, como o que sente e não se entende, me ultrapassarei em ondas..." (p. 198).

Ao longo dos capítulos da primeira parte de *Perto do Coração Selvagem*, a alternância precisa de duas temporalidades distintas –

comparecem na caracterização de Joana, sobretudo os que enfatizam a cisão do feminino que nela se opera, ao se defrontar com outras mulheres, em quem se revê fraturada. *Gatos de Outro Saco – Ensaios Críticos*, São Paulo, Brasiliense, 1981, p. 8.

4. Analisando o conto "Feliz Aniversário", Cleusa Rios Passos mostra, entre outras coisas, sua relação intertextual com o *Rei Lear*, de Shakespeare. Tanto em termos do que é retomado quanto do que é revertido. "Clarice Lispector: Os Elos da Tradição" *Revista da USP* n. 10, jun.-jul.-ago.,1991, pp. 167-174.

5. *Gatos de Outro Saco – Ensaios Críticos*, p. 8.

NO PRINCÍPIO ERA O VERBO-CARNE

predominando numa o aprendizado de vida da menina; na outra, o imaginário fantasmal da adulta – compõe um movimento ondulatório de alternância regular. Movimento que se espaça na segunda parte: ao lado de discretas ressurreições da vida anterior ao casamento, há somente o grande refluxo final – viagem, morte, eterno recomeço – marcado pela recorrência dos indícios da infância: o pai, o relógio batendo, galinhas arranhando a terra (pp. 185 e 193). Circular e ondulatoriamente, o fim busca o início, Joana "antes da morte ligar-se-ia à infância..." (p. 192), renascendo através do "mesmo impulso da maré e da gênese" (p. 196).

Pela alternância aludida, revela-se o fio partido da experiência: infância, adolescência, maturidade, casamento, morte. A cada momento de vida, um círculo se fecha: eternamente remorrer. A experiência da corporeidade do ser, definindo-se e se fraturando em indivíduo, encontra na corporeidade infinita do mar o consolo pela perda da unidade primeira, o "tudo é um" que Joana entoa (p. 42). Mas, assim como a onda nada mais é do que o átimo de segregação da massa líquida através do movimento que lhe dá uma forma momentânea, assim também o indivíduo humano é apenas uma forma fugaz a se refazer pelas contínuas transformações da matéria[6]. "Humano – eu. Humano – os homens individualmente separados", pensa Joana, querendo "viver mais ou melhor" para conseguir "a desvalorização do humano" (p. 90).

Entre corpo e espírito seguramente haverá descompasso: "a imaginação apreendia e possuía o futuro do presente, enquanto o corpo restava no começo do caminho, vivendo em outro ritmo,

---

6. Otávio menciona indiretamente Lavoisier, ao pensar: "Nada se perde, nada se cria" (pp. 116-117). E completará, repetindo Joana: "...nada existe que escape à transfiguração" (p. 176). No fragmento "Lavoisier Explicou Melhor" Clarice fala da "perecibilidade das coisas e dos entes". *A Descoberta do Mundo*, p. 694.

89

cego à experiência do espírito..." (p. 40). Ainda assim, um fala através do outro, com freqüência através de imagens enigmáticas, como se verá melhor adiante. Com o corpo, Joana concretiza os conceitos abstratos que o espírito tateia:

> A liberdade que às vezes sentia não vinha de reflexões nítidas, mas de um estado como feito de percepções por demais orgânicas para serem formuladas em pensamentos. [...] Eternidade não era só o tempo, mas algo como a certeza enraizadamente profunda de não poder contê-lo no corpo por causa da morte... [...] Sobretudo dava idéia de eternidade a impossibilidade de saber quantos seres humanos se sucederiam após seu corpo... [...] Definia eternidade e as explicações nasciam fatais como as pancadas do coração (pp. 39-40).

Aqui o corpo é não só raiz como fonte de percepções que o espírito reelabora – muitas vezes em alto grau de abstração. E isso ocorre com freqüência em *Perto do Coração Selvagem*, sobretudo na parte referente ao tempo da Joana-adulta. Mas o peso maior da obra é o trabalho da personagem enquanto subjetividade rememorante, imaginante, criadora. Em *A Cidade Sitiada*, como se verá, o corpo será, da mesma forma, raiz e fonte de percepções. Entretanto o espírito da personagem, por isso mesmo raso, trabalhará na superfície quase já corpo, ora espelhando-o verbalmente, ora reproduzindo com seu próprio corpo, o corpo do mundo. Este aparecerá agora como corpo visível.

Em *Perto do Coração Selvagem* privilegia-se o âmbito da subjetividade imaginante. O trabalho de imaginação está, entretanto, fundamente enraizado num corpo com o qual o imaginário se mantém em descompasso. Assim, pode ficar enviesada a trajetória da experiência ao descarnar o vivido, espiritualizando-o. O resultado, do ponto de vista da expressão, é algumas vezes um estilo eivado de enigmas e obscuridades. O capítulo 5 da primeira parte, "A Tia", ilustra bem essas observações.

90

Imagens enigmáticas brotam por entre a narração aparentemente clara da mudança de Joana-menina para a casa da tia, depois de morto o pai. Durante a viagem, o "bolo esquisito, escuro – gosto de vinho e de barata", que comera antes de partir, "pesava-lhe no estômago e dava-lhe uma tristeza de corpo que se juntava àquela outra tristeza – uma coisa imóvel atrás da cortina – com que dormira e acordara" (p. 31). O estranho e indigesto bolo, sabendo a vinho e barata, deixa a suspeita de que, junto com ele, teria havido outra coisa a engolir, tanto ou mais indigesta. Além disso, o significado da "coisa imóvel atrás da cortina", a que se assemelha a "outra tristeza", não se explicita no texto, repercutindo entretanto na imagem que encerra o capítulo: "Olhos abertos piscando, misturados com as coisas atrás da cortina" (p. 38).

Que sentido teria esse bolo, ingerido na casa do pai e vomitado depois da fuga da casa da tia? Que tristeza é essa que tinge de melancolia o ritual de passagem, morte e ressurreição, da casa paterna para o mundo desconhecido? Que ultrapassa as fronteiras do capítulo para retornar, ao fim do livro, na súplica a Deus-pai, feita por uma Joana que indaga "por que me fizeste separada de ti?", reafirmando a dor e o medo da perda e da finitude: "eu só tenho uma vida e essa vida escorre pelos meus dedos e encaminha-se para a morte..."? (p. 194).

No plano do conteúdo manifesto, a resposta é clara: tristeza e melancolia expressam uma abstração: a Morte do pai. Mas por que vincular tristeza a "uma coisa imóvel atrás da cortina?" O que tem o bolo a ver com isso? Como antes, a vivência corporal torna possível a construção do conceito. O abstrato se encarna pela descrição do processo de constituição simbólica da morte, através da experiência do corpo. A análise dos movimentos do capítulo permite compreender como isso se dá.

Embora possuindo individualidade própria em vários níveis, o capítulo remete aos anteriores, já que enfoca uma dentre as várias "estações" de vida de Joana. Mencionados com destaque nos capítulos 1 e 3, seu pai e mãe, mais do que como caracteres complexos psicologicamente, importam pelas funções que exercem no primeiro dos diversos triângulos amorosos de que Joana é vértice. O capítulo 5 enfoca o momento de orfandade total da menina, mas a experiência de luto tematizada aqui é já dada, desde o início do livro, pela marcante embora tácita ausência da mãe morta.

No que se refere às grandes coordenadas espácio-temporais do capítulo, é possível distinguir entre os espaços de preparação e os de construção ou diluição de conflitos. A rigor, também esses últimos são espaços de travessia, marca mesma de uma história de vida feita, como diz Benedito Nunes, de um

> [...] movimento interior jamais completado, que tanto possui a aparência de evasão ou de fuga, como de errância espiritual não cumulativa, ao longo da qual a individualidade perde o que vai ganhando. Diferente em cada um de seus momentos, Joana dispersa-se por muitas vidas[7].

Ao final do livro, que não é fim de sua errância, Joana procura dar outro significado ao eterno mover-se: "Não fugir, mas ir" (p. 192)[8]. De qualquer modo, a dispersão timbra a experiência pelo crescente isolamento da personagem e se traduz, em termos de estrutura ficcional, por formas cada vez mais abstratas e esgarçadas, em que vão predominando os momentos líricos do fluir do imaginário.

---

7. *O Drama da Linguagem*, pp. 21-22.
8. No fragmento "Ir para", o ato de "ir" aparece como aceitação do destino mortal inexorável. Clarice relata o longo choro de um gato que "parecia dor, e, em nossos termos humanos e animais, era. Mas seria dor, ou era 'ir', 'ir para'? Pois o que é vivo vai para". *A Descoberta do Mundo*, p. 25.

O capítulo se inaugura pelo deslocamento físico de Joana: a viagem de bonde que a leva à inóspita casa da tia; depois desse, ocorrerá novo deslocamento, da casa até a praia. Tais movimentos vetorializam os processos de construção ou diluição de conflitos que ocorrem a seguir: a viagem de bonde preludia o encontro áspero com a tia; a corrida pela areia antecipa o amoroso reencontro com o mar. A primeira seqüência figura a criação paulatina de uma situação de conflito crescente, de relações cada vez mais tensas entre a subjetividade e o mundo. Até que, no ponto de saturação, desencadeia-se o processo oposto de distensão. Esse jogo de forças antagônicas se repetirá, aliás por duas vezes, no capítulo 7 – "O Banho" – em que novo enfrentamento com a tia provoca a fuga para a casa do professor; e o conflito aí surgido convida a buscar refúgio novamente no mar. Entre ambos os espaços de tensão e distensão se constitui uma cerrada rede de semelhanças e diferenças que cumpre detalhar.

Escura e abafada, a casa, lugar de clausura, remete ao significado *morte*, difuso pelo capítulo: "A casa da tia era um refúgio onde o vento e a luz não entravam. A mulher sentou-se com um suspiro na sombria sala de espera..." Os móveis, "pesados e escuros", adensam a atmosfera sufocante, onde quadros mostram "os sorrisos dos homens emoldurados". Ausência de luz e ar, peso, prisão: imagens correlatas à da morte, pela experiência de sepultamento. Assim descrita, a casa manifesta seu parentesco metafórico com o corpo-túmulo da tia, aparecendo a Joana de modo grotesco e hiperbolizado:

"[...] sua tia com um robe de flores grandes precipitou-se sobre ela. Antes que pudesse fazer qualquer movimento de defesa, Joana foi *sepultada* entre aquelas duas massas de carne macia e quente... (p. 32, grifo meu).

"Os *seios* da tia eram *profundos*...[...] Os seios da tia podiam *sepultar* uma pessoa!" (p. 33, grifos meus).

O corpo grotesco assim figurado indicia sua interação com o mundo. Os seios formam saliências e reentrâncias. Penetram no mundo, que os penetra. São fonte de nutrição e garantia de continuidade da vida. Mas neles também a vida se esgota. Tanto a nutrição como a sexualidade, que os seios agigantados destacam, são processos desveladores do corpo não como algo acabado e fechado, mas como espaço do devir. O corpo maternal da tia reúne as imagens antitéticas de berço e túmulo[9]. O que nos devolve à falta inaugural da vida de Joana: a mãe ausente, fusão simbólica de vida e morte.

A metáfora corpo-casa é recorrente em outras obras da autora. *A Cidade Sitiada* acrescenta um elemento ao conjunto metafórico: a cidade. Em *Uma Aprendizagem ou o Livro dos Prazeres*, aliás, são atualizados os dois termos da metáfora: "quando eu morrer, o cavalo preto ficará sem casa e vai sofrer muito. [...] Se ele fareja e sente que um corpo-casa é livre, ele trota sem ruídos e vai"[10]. Além disso, a imagem da superposição de envoltórios define a estrutura folheada não só da casca da barata, como ainda da aventura de G.H. desenterrando arqueologicamente as camadas de sentido psíquico, cultural e biológico, desconstrução pela qual se opera, ao mesmo tempo, a reconstrução de sentidos novos.

O corpo a corpo de Joana com a casa-corpo da tia produz percepções e sensações precisas. À escuridão e abafamento da sala se acrescenta a viscosidade do corpo da mulher, cujas mãos eram gordas, cujos seios "podiam derramar-se sobre ela, em gordura dissolvida", viscosidade que impregna também a casa onde "em alguma parte, certamente, alguém beberia grandes goles de azeite" (pp. 32-33).

O elemento viscoso ou pastoso é freqüente e de fundamental importância para a construção do significado total na Obra de

---

9. Para a questão do grotesco, foi consultado *Lo Grotesco – Su Configuración en Pintura y Literatura*, de Wolfgang Kayser, Buenos Aires, Editorial Nova, 1964.

10. *Uma Aprendizagem ou o Livro dos Prazeres*, pp. 13 e 26.

Clarice: é a matéria que escorre de dentro dos ovos partidos ou o chicle mascado pelo cego, em "Amor"; a massa que sai lentamente pela fenda do corpo da barata, em *A Paixão Segundo G.H.*, a substância gelatinosa envolvendo a narradora de um pesadelo, no fragmento "A Geléia Viva". Esse texto aliás, foi publicado de início na coletânea intitulada *Fundo de Gaveta*, incluída na primeira edição de *A Legião Estrangeira*. Em posterior republicação na coluna de Clarice no *Jornal do Brasil*, o título passou a ser "A Geléia Viva como Placenta", acréscimo que evidencia a pertinência do viscoso à área semântica vinculada a *mater*: mãe, matéria, estágio que antecede a constituição da forma[11].

Nos exemplos citados acima, a imagem remete a uma experiência inaugural que, por sê-lo, inscreve-se no corpo de uma matéria anterior à forma. Trata-se do imaginário que Bachelard chama de "material", vinculado ao tato e oposto ao imaginário formal, intelectualista, referido à visão e posterior àquele. Para o imaginário material, a arte se constrói como luta da mão que trabalha contra a resistência da matéria[12]. Em *A Paixão Segundo G.H.*, o movimento de aderência à matéria se extrema quando G.H. põe na boca a massa da barata, indo além do contato tátil. Trata-se agora de fusão, momento em que o pólo da subjetividade se anula, sendo por isso experiência informulável pela linguagem.

11. "Amor" se encontra em *Laços de Família*. "A Geléia Viva" está na primeira edição de *A Legião Estrangeira*, pp. 171-172. Para a republicação no *Jornal do Brasil*, conferir *A Descoberta do Mundo*, p. 634.

12. Em *El Aire y los Sueños*, Bachelard se refere ao que chama de *imaginação material*, "esta assombrosa necessidade de 'penetração' que, para além das seduções da imaginação das formas, se propõe pensar a matéria, ou bem – o que vem a ser o mesmo – materializar o imaginário". México, Breviarios del Fondo de Cultura Económica, trad. Ernestina de Champourcin, 1958, p. 17; 1ª ed. francesa 1943; a tradução do trecho citado é minha.

CLARICE LISPECTOR: UMA POÉTICA DO OLHAR

A vivência de Joana – a morte do pai, concomitantemente com o embate contra o corpo da tia, ele também revelando-se mortal e mortífero – faz-se assim como trabalho de desgaste de matéria contra matéria, em que por isso as percepções táteis e gustativas são destacadas. O espaço se verticaliza através da experiência de afundamento, vinculada à da morte – como descida à terra – e do corpo sexuado mortal. Pois as imagens aparentadas de *terra* e *mãe* significam a morada do ser antes do nascimento e depois da morte. A fala da empregada, enquanto vai com Joana pela praia em direção à casa da tia: "– Essa areia *afundando mata* um cristão..." (p. 31, grifo meu), indica o sentido de verticalização em que se faz a experiência ambígua do corpo mortal. Entretanto ela indica ainda que entre o espaço do corpo-casa da tia e o do mar, que se lhe opõe, há também semelhanças. Se os seios, emblema do corpo feminino sexuado enfatizando a maternidade e a nutrição, são profundos e matam, também o mar "era fundo", também suas areias, afundando, podiam matar. Vejamos porém como se antagonizam os dois espaços.

Os movimentos de fuga de Joana interrompem bruscamente uma experiência interior acumulando-se até atingir o nível do intolerável. É o que supostamente ocorrera no abandono da casa do pai morto. É o que ocorre depois do contato carnal estreito do corpo da menina com o da tia, avatar da mãe ausente, cuja materialidade sexuada lhe é repugnante. Ao ser abraçada, Joana "engoliu o enjôo e o bolo escuro que lhe subiam do estômago com arrepios por todo o corpo" (p. 33), donde se vê que o bolo, comido e depois vomitado no mesmo momento em que se vê livre da tia, metaforiza o corpo morto que Joana recusa. O contato do corpo maternal aguça nela o sentido da oralidade primitiva: tanto os seios imensos como "a língua e a boca da tia" que "eram moles e mornas como as de um cachorro" (p. 33). Joana foge não só da experiência indigesta da recente morte do pai, mas principalmente daquela outra, a da mãe, que lhe inaugura a história. Mas se Joana foge da morte materna, esse movimento é de dupla mão, pois a reaproxima, ao final, de sua própria morte. Da qual escapará pela reintegração numa totalidade utópica cujo avatar é a figura do centauro, mulher-cavalo, imagem derradeira do livro: "...basta me cumprir e então nada impedirá meu caminho até a morte-sem-medo, de qualquer luta ou descanso me levantarei forte e bela como um cavalo novo" (p. 198).

Fugindo do corpo repugnante da tia, Joana corre ao encontro do mar que, no entanto, é também corpo. E aqui cabe lembrar que Otávio cita Spinoza ao refletir sobre a natureza dos corpos que "se distinguem uns dos outros em relação ao movimento e ao repouso, à velocidade e à lentidão e não em relação à substância" (p. 120). De fato, o movimento ondulatório define tanto o mar quanto a tia, em cujo corpo o choro rebenta em ondas (p. 33). Porém, à diferença da tia, o mar é um "corpo vivo" (p. 34) porque não é sexuado. E por isso não é ameaçador, não fala, não tem sentimentos nem corpo humano: "O mar, além das ondas, olhava de longe, calado, sem chorar, sem seios" (p. 34).

Por ser assexuado, o mar aparece também como símbolo da androginia, apagamento de diferenças que funde pai e mãe. No capítulo 3, Joana-menina, procurando não ficar com medo da mãe, cuja história inquietante ouvira pela boca do pai, pensa que "...não se pode ter medo da mãe. A mãe era como um pai" (p. 25). E no fragmento "O Mar de Manhã", Clarice manifesta perplexamente sua descoberta: "Como explicar que o mar é o nosso berço materno mas que seu cheiro seja todo masculino; no entanto berço materno? Talvez se trate da fusão perfeita do masculino com o feminino". O que parece aludir ao mar descrito pela biologia como o berço da vida no planeta [13]. A androginia como tentativa de ultra-

---

13. O fragmento citado está em *A Descoberta do Mundo*, p. 732. A descrição do mar primordial feita pela biologia está em *O Planeta Terra*, de Jonathan Weiner. São Paulo, Martins Fontes, 1988, trad. Gradiva Publicações, p. 320.

passar a divisão sexual se manifesta ainda na concepção lispecto-riana da natureza do artista. Para ela, "escritor não tem sexo, ou melhor, tem os dois, em dosagem bem diversa, é claro"[14].

Como ocorria na sua relação com o corpo da tia, a experiência oral define a interação de Joana com o mar, só que de modo inverso: o que antes era repulsa vira atração. Depois de expulsar pelo vômito o bolo, os beijos e as lágrimas da tia, Joana aceita o vento que "*lambia*-a rudemente agora" (p. 34, grifo meu). Contrariamente à atitude passiva de recuo e defesa contra a voracidade da mulher, ela – agora ativa e voraz – se entrega ao mar com "vontade de *bebê*-lo, de *mordê*-lo devagar" (p. 35, grifos meus).

Se na interioridade da casa faltam vento e luz, são esses justamente os elementos que, junto com a água, conformam a atmosfera marítima exterior. Durante a viagem, o bonde correndo "tornava mais forte o vento salgado e fresco do nascer do dia" (p. 31). Na fuga de Joana, a casa é invadida por "uma onda de vento e de areia" que "levantou as cortinas, trouxe leve ar fresco" (p. 33). Na praia, "o sol rompeu as nuvens e os pequenos brilhos que cintilaram sobre as águas eram foguinhos acendendo e apagando". O mar era de um "brilho quieto" enquanto a água, correndo pelos pés de Joana, era "clara, clara como um bicho transparente. Transparente e vivo" (p. 35).

A essas oposições entre luz e escuridão, ar e abafamento se somam outras. A maciez e o calor nauseantes do corpo sexuado – os seios eram "duas massas de carne macia e quente"; a língua e a boca, "moles e mornas" – contrastam com a rudeza e o frescor reconfortantes do mar que "brilhava em ondas de estanho" (p.

14. *A Descoberta do Mundo*, p. 69. Nesse aspecto, o ponto de vista de Clarice é semelhante ao de Virgínia Woolf que, interpretando Coleridge, afirma que "as grandes mentes são andróginas". *Um Teto Todo Seu*, Rio de Janeiro, Nova Fronteira, 1985, p. 129.

34), em cujas areias "o sal e o sol eram pequenas setas brilhantes que nasciam aqui e ali" picando Joana e "estirando a pele de seu rosto molhado" (p. 35).

Contrastam-se também o sabor doce e enjoativo tanto da casa – com seu "cheiro morno... doce e parado. Mofo e chá com açúcar" (p. 32) – como da tia, cujos seios exalavam um "perfume doce" (p. 34); e a presença marcante do sal, misturado à água e ao vento. O "vento salgado e fresco" (p. 31), que sopra no nascer do dia, aparenta-se à água que Joana, com mãos em concha, tenta agarrar e que foge, deixando-lhe "a palma vazia e salgada" (p. 35). O elemento líquido, evidenciado na materialidade do mar, comparece também por exemplo nas lágrimas da tia. Uma vez mais, entretanto, a distinção se faz pelo fato de que a secreção do corpo sexuado é, por isso, repulsiva; enquanto a massa do corpo vivo marinho atrai.

Entre Joana e a tia havia o ríspido confronto de ritmos corporais não sincronizados, de modo que depois de abraçada, a menina "sentiu o rosto violentamente afastado do peito da tia por suas mãos gordas e por ela foi observada durante um segundo. A tia passava de um movimento para outro sem transição, em quedas rápidas e bruscas" (p. 32). Caminhando pela praia, ao contrário, o corpo em completa sintonia com o areal, Joana via seus "pés escuros e finos como galhos juntos da alvura quieta onde eles afundavam e de onde se erguiam ritmadamente, numa respiração" (pp. 35-36). Retornando ao assexuado, a menina encontra um corpo semelhante ao seu, plantado sobre "pés...finos como galhos"[15] e, assim, aparentado com as "moitas longínquas" de onde "vinha um cheiro frio de mato molhado" (p. 31).

15. Em "Os Desastres de Sofia", cuja heroína tem mais de uma semelhança com Joana, o parentesco entre a criança e o vegetal sinaliza naquela sua condição de ser ainda não cindido pela divisão sexual. A menina, em vias de se transformar em mulher, é assim descrita: "a boca era emocionada enquanto as mãos se esgalhavam sujas". *A Legião Estrangeira*, p. 13.

Findos os vários movimentos de fluxo e refluxo, expulsos os corpos estranhos indigestos – o bolo, a tia –, a total comunhão material com o mar permite agora a Joana formalizar como linguagem o impensado vivido. Pela experiência do corpo enquanto realidade fisiológica, ela dá corpo verbal ao antes inominado. A "coisa", inicialmente "imóvel atrás da cortina", vai paulatinamente se desvelando através de várias determinações concretas. De exterior à subjetividade, interioriza-se em "uma coisa forte dentro de si mesma", envolvendo-a com a massa cósmica: "uma coisa grande que vinha do mar, que vinha do gosto de sal na boca, e dela, dela própria" (p. 34). Até se configurar claramente como o último corpo, agora verbo, a ser vomitado:

> Papai morreu. Papai morreu. Respirou vagarosamente. Papai morreu. Agora sabia mesmo que o pai morrera. Agora, junto do mar onde o brilho era uma chuva de peixe de água. O pai morrera como o mar era fundo! compreendeu de repente. O pai morrera como não se vê o fundo do mar, sentiu (p. 35).

Enigmáticas em si mesmas, as comparações anteriores se tornam claras quando referidas ao movimento simbólico global do capítulo que visa a transformar em experiência interior corporal e anímica, algo de início obscuro porque visto como absolutamente exterior: imóvel, atrás da cortina. O que, de passagem, confirma que o texto atualiza uma das dimensões do poético, ao reelaborar em nível afetivo o que seria incompreensível para o sujeito, do ponto de vista referencial[16].

---

16. Segundo Jean Cohen, o tipo de inteligibilidade exigida pelo sistema denotativo é diferente daquele do sistema de conotação: "O código da linguagem normal apóia-se na experiência externa. O código da linguagem poética, pelo contrário, na experiência interna." E, citando Victor Hugo, lembra que a poesia "é o que há de íntimo em tudo". *Estrutura da*

NO PRINCÍPIO ERA O VERBO-CARNE

Da mesma forma, ganham inteligibilidade emotiva outras frases "absurdas", como as que se reúnem no trecho:

A tia sempre fazia biscoitos grandes. Mas sem sal. Como uma pessoa de preto olhando pelo bonde. Ela molharia o biscoito no mar antes de comer. Daria uma mordida e voaria até casa para beber um gole de café (p. 37).

A compreensão da vivência de Joana descrita anteriormente permite perceber que o trecho reconstela seus elementos principais. A viagem como rito de passagem não só entre duas etapas da vida mas entre morte e vida. A ênfase no gustativo como expressão da oralidade que timbra a relação entre os corpos. A necessidade de diluir no elemento líquido cósmico aquilo que se cristaliza como corpo morto – bolo, biscoito, corpo humano etc.

Pelo embate corporal com dois espaços-corpos diversos, Joana elabora o luto do pai de um modo que se assemelha com o ritual de cura xamanística descrito por Lévi-Strauss na *Antropologia Estrutural*. Diante de um parto difícil, cabe ao xamã fornecer à parturiente a fórmula verbal que possibilite a tradução de um processo orgânico, em termos de realidade verbal inteligível. Segundo Strauss, a cura torna

[...] pensável uma situação dada inicialmente em termos afetivos, e aceitáveis para o espírito as dores que o corpo se recusa a tolerar. [...] O xamã fornece a sua doente uma *linguagem*, na qual se podem exprimir imediatamente estados não formulados, de outro modo informuláveis. E é a passagem a esta expressão verbal (que permite, ao mesmo tempo, viver sob uma forma ordenada e inteligível uma experiência real, mas sem isto anárquica

Linguagem Poética, São Paulo, Cultrix/Edusp, 1974, pp. 170-171. Como se vê, essa afirmação difere da de Jakobson sobre o uso poético da língua. Entretanto, o crítico-lingüista russo enfatiza sempre que junto com a função poética, outras colaboram para a constituição do caráter poético de uma mensagem. Entre elas, a função emotiva, a que Cohen – na esteira do romântico Hugo – dá destaque.

e inefável) que provoca o desbloqueio do processo fisiológico, isto é, a reorganização, num sentido favorável, da seqüência cujo desenvolvimento a doente sofreu[17].

O antropólogo aponta semelhanças e diferenças entre essa modalidade de cura e a realizada pela Psicanálise[18]. Em ambas, a dissolução de conflitos e resistências não ocorre pelo conhecimento real ou suposto adquirido sobre eles pelo paciente. Mas porque esse conhecimento possibilita a revivência de conflitos, que caminham então para o desenlace. A isso a Psicanálise chama *ab-reação*.

O trabalho de luto – abreação da morte do pai – faz Joana se descobrir como outra e, assim, ingressar no mundo das *pessoas*. Num momento máximo de fusão com o mar, ela já não se distingue das ondas:

> Mesmo de olhos fechados sentiu que na praia as ondas eram sugadas pelo mar rapidamente rapidamente, também de pálpebras cerradas. Depois voltavam de manso, a palma das mãos abertas, o corpo solto. Era bom ouvir o seu barulho.

Só então compreende: "Eu sou uma pessoa" (p. 36), como se a dissolvência na massa marítima amorfa fosse condição da plena assunção de seu ser segregado. O capítulo passa então a operar em outro nível.

———◆———

Além da nítida delimitação espacial entre a casa e o mar, distinguem-se também duas formas de atuação da consciência de Joana.

---

17. *Antropologia Estrutural*, 2ª ed., trad. Chaim Samuel Katz e Eginardo Pires, Rio de Janeiro, Tempo Brasileiro, 1970, p. 216.

18. Diz Strauss que "... a cura xamanística parece ser um equivalente exato da cura psicanalítica, mas com uma inversão de todos os termos", passando, em seguida, a apontar as inversões. *Antropologia Estrutural*, p. 218.

NO PRINCÍPIO ERA O VERBO-CARNE

Do começo do capítulo até o momento em que, de bruços sobre a areia e unida às ondas, ela se descobre como pessoa, sua consciência elabora acontecimentos exteriores, de acordo com o modo como atravessam seu corpo, sobretudo pela via da oralidade. Predominam os verbos nos pretéritos perfeito ou imperfeito do indicativo, referidos a acontecimentos passados. A partir de então, a consciência passa a operar também no nível projetivo, expresso pelas formas de futuro do pretérito. Joana constrói imaginariamente o que viverá na companhia dos tios:

> Na casa da tia certamente lhe dariam doces nos primeiros dias. Tomaria banho na banheira azul e branca, uma vez que ia morar na casa. [...] E ainda havia a fazenda do tio, que ela apenas conhecia, mas onde passaria dagora em diante as férias (p. 37).

A construção que transparece na citação acima é ambígua. Pode se tratar, verossimilmente, de fruto do imaginário aliás fértil de Joana. Mas também pode ser trabalho de criação da própria narradora que, se no mais das vezes, acompanha muito de perto a consciência da personagem, dela se afasta em alguns momentos. E nesse caso, a construção deixa de ser projetiva para ser retrospectiva. A Obra de Clarice, aliás, tende a estreitar ao máximo a distância entre projeto e retrospecto, a ponto de muitas vezes ambos se confundirem. O efeito buscado é o da palavra expressando o vivido no próprio ato da vivência, efeito de que *Água Viva* talvez seja a melhor realização.

Essa ambiguidade se reporta diretamente ao processo de desvelamento da narradora ou de sua transformação em personagem, processo cujos indícios são poucos porém bastante claros[19].

---

19. Para Olga de Sá, a duplicação do narrador em personagem é corolário da natureza cindida do processo ficcional em Clarice: "...à medida que se exprime, se equaciona como linguagem, se desdobra em narrador/personagem, afasta-se do coração pulsante da vida, não refletida...[...] Não há que fugir. Ou se escreve ou se vive. Ou escrever é viver. Mas Joana não

103

Conversando com Lídia, Joana lhe pergunta se gostaria de estar casada com Otávio. À resposta afirmativa, ela contrapõe nova pergunta: "– Por quê? – [...] Não vê que nada se ganha com isso? Tudo o que há no casamento você já tem – Lídia corou, *mas eu não tinha malícia, mulher feia e limpa*" (p. 144, grifo meu). Introduzindo-se na narrativa e refletindo-se na personagem, a narradora prepara seu aparecimento mais explícito adiante: "Titia, ouça-me, eu conheci Joana, de quem lhe falo agora. Era uma mulher fraca em relação às coisas" (p. 168).

O desdobramento da narradora em personagem reflete outro: o de Joana em algumas das mulheres com quem compõe relações afetivas triangulares. Os exemplos mais evidentes são a mulher da voz e Lídia. Com esta, Joana constitui um arquétipo feminino cindido, o que faz Otávio lamentar: "...se Lídia não estivesse dividida de Joana..." (p. 115) e leva Joana a pensar, enquanto observa a complementaridade entre ambas:

Sou um bicho de plumas, Lídia de pêlos, Otávio se perde entre nós, indefeso. Como escapar ao meu brilho e à minha promessa de fuga e como escapar à certeza dessa mulher? Nós duas formaríamos uma união e forneceríamos à humanidade, sairíamos de manhã cedo de porta em porta, tocaríamos a campainha: qual é que a senhora prefere: meu ou dela? e entregaríamos um filhinho (p. 140).

Quanto à mulher da voz, sua vida – criação imaginária de Joana – é completa, pois reúne a faceta do feminino que cumpre seu destino biológico e a que o recusa, em nome do poder de pensamento e de imaginação criadora (pp. 71-74). Num sentido

atingiu ainda a unidade capaz de resolver o conflito do escritor, conflito que sem dúvida, embora ainda espumando e latejando, o "eu" narrador de *Água Viva* resolve melhor. *A Escritura de Clarice Lispector*, p. 174.

NO PRINCÍPIO ERA O VERBO-CARNE

mais amplo, pode-se ver Joana como uma arquipersonagem, já que suas características e sobretudo seu discurso condicionam a existência das demais personagens.

Por seu poder de imaginação criadora, Joana garante a superioridade entre as colegas de escola, diante de quem

> [...] representava friamente, inventando, brilhando como numa vingança. [...] – Olhem aquele homem... Toma café com leite de manhã, bem devagar, molhando o pão na xícara, deixando escorrer, mordendo-o, levantando-se depois pesado, triste... As colegas olhavam, viam um homem qualquer e no entanto... [...] era milagrosamente exato! Elas chegavam a ver o homem se levantando da mesa...a xícara vazia...algumas moscas... (p. 141).

O mesmo poder – que despontava já na menina, ao imaginar histórias sobre a boneca Arlete e inventar o falante "homenzinho do tamanho do fura-bolos" (p. 11) – tece a semelhança entre Joana e a narradora e lança luz sobre o desdobramento desta naquela. Nesse sentido, *Perto do Coração Selvagem* conta não só a errância de uma mulher ao longo de vários estágios de vida, mas também um aprendizado de escritura. E este fato justifica considerá-lo como romance de formação, tanto quanto *Um Retrato do Artista Quando Jovem* de onde procede o título de Clarice[20].

Ao projetar seu futuro com os tios, Joana cria imaginariamente o que está por vir. Mas, mais do que isso, ela se dá conta de que o inexistente passa a existir pelo poder criador do pensamento-palavra: "Uma coisa que se pensava não existia antes de se pensar". Percebe também que o verdadeiro poder da linguagem é o de criação, não o de reprodução:

> [...] nem todas as coisas que se pensam passam a existir daí em diante... Porque se eu digo: titia almoça com titio, eu não faço nada viver. [...]

---

20. É o que faz Hélene Cixous em "Reaching the Point of Wheat or A Portrait of the Artist as a Maturing Woman", *Remate de Males* n. 9, p. 46.

Mas se eu digo, por exemplo: flores em cima do túmulo, pronto eis uma coisa que não existia antes de eu pensar flores em cima do túmulo (p. 36).

Desse modo, descobrindo-se como pessoa – ser sexuado e segregado –, Joana descobre, ao mesmo tempo, seu poder de criação ficcional aparentado com a mentira: "Foi então que começou a mentir. – Ela era uma pessoa que já começara, pois" (p. 37)[21].

O imaginário que se descortina – no frescor de sua pura novidade – diante dessa *artista quando jovem*, não é o mero refazer mental do possível verossímil: "titia almoça com titio". Não o imaginário impuro porque comprometido com a ordem do referente, mas aquele que, adentrando a região fantasmal do inexistente, é *poiesis*[22]. Não o imaginário reprodutor, vinculado segundo Bachelard à simples percepção, mas o imaginário criador que busca nas palavras seus "desejos de alteração, de duplo sentido, de metáfora": *flores em cima do túmulo*.

Se, como quer Bachelard, "perceber e imaginar são tão antitéticos como presença e ausência". Se "imaginar é ausentar-se, é se lançar em direção a uma vida nova"[23], recriando a vida imaginariamente, pela linguagem, depois de ter atravessado a experiência de percepção da morte do corpo, Joana começa a construir também a personagem Clarice Lispector, construção a se completar muito depois quando, em *A Hora da Estrela*, o "autor" disser que é "na verdade" Clarice Lispector. Assim, a criação de Joana, *flores*

---

21. A narradora de "Os Desastres de Sofia", referindo-se à surpresa que sentira quando, menina, acreditou ter enganado o professor com a história que escrevera, diz: "Naquele tempo eu pensava que tudo o que se inventa é mentira...". *A Legião Estrangeira*, p. 24.

22. A propósito, ver "La metáfora del Ojo", de Barthes, em *Ensayos Críticos*, trad. de Carlos Pujol, Barcelona, Seix Barral, 1973, col. Biblioteca Breve, p. 283.

23. *El Aire y los Suenos*, cit., p. 12

NO PRINCÍPIO ERA O VERBO-CARNE

sobre o túmulo, pode apontar para um sentido que revela a intuição aguda e, talvez, a sensibilidade antecipatória de Clarice, sentido justificável por uma etimologia apontada em parte pela própria escritora: flor-lírio = *lis*; túmulo-casa e corpo = *pector*[24].

◆

A análise de "A Tia" evidencia a importância da experiência de oralidade para a Joana-menina. Os corpos contra os quais ela se defronta (o bolo, a tia, a areia, o mar etc.), enquanto toma consciência de seu próprio, são também objetos visíveis. E disso são prova tanto a presença abundante de imagens visuais no capítulo como sua clara organização em espaços bem delineados. Mas no conjunto do livro, o tema predominante é o modo como o corpo, como fonte de sensações, serve de matéria ao trabalho de linguagem que caracteriza a aprendizagem da Joana artista. Ou seja, a ênfase vai para o corpo enquanto objeto de assimilação oral, fundamentando a experiência de criação verbal como criação carnal.

A ausência da mãe morta como o dado de base de sua vida evidencia para Joana a natureza mortal e finita do corpo. O embate com a tia obriga-a a encarar de novo aquela evidência: recusando-a, ela vomita ao mesmo tempo a realidade da morte do pai mas, sobretudo, a de sua mãe. Esse é o ponto de partida do processo simbólico de criação. Nesse aspecto, *Perto do Coração Selvagem* antecipa a experiência de *A Paixão Segundo G.H.*

Enquanto relata, G.H. olha, come e vomita o objeto-sujeito barata, avatar da fala – que é também objeto (enquanto produto de

24. Em entrevista à TV Cultura, Clarice forneceu a seguinte etimologia para seu sobrenome: *lis* é lírio, *pector* é peito; lírio sobre o peito. Desnecessário lembrar que a imagem remete ao morto, sustentando flores no peito. A entrevista se encerra com a declaração da escritora: "Por enquanto estou morta, estou falando de meu túmulo".

G.H.) e sujeito (pois as hesitações da falante revelam que sua experiência é também moldada por sua fala). Significativamente, no mesmo processo de engolir-vomitar a fala-barata, também a mãe é vomitada. G.H. se confessa com uma "mãe", confundida com a mãe de Cristo pela citação paródica da prece: "Mãe: matei uma vida, e não há braços que me recebam agora e na hora do nosso deserto, amém". E logo adiante esclarece o parentesco entre mãe e barata: "Como se ter dito a palavra 'mãe' tivesse libertado em mim mesma uma parte grossa e branca ... [...] E como depois de uma funda crise de vômito, minha testa estava aliviada, fresca e fria"[25].

Nesse sentido, *Perto do Coração Selvagem* e *A Paixão Segundo G.H.* se assemelham pela presença maior da experiência de oralidade. E nisso se opõem a *A Cidade Sitiada* e "O Ovo e a Galinha" cuja ênfase recai sobre a atividade visionária que reduz a seus termos a oralidade e entroniza um voraz olhar fenomenológico.

———◆———

25. *A Paixão Segundo G.H.*, p. 61.

3

O Espaço Redescoberto

...le temps y a pris la forme de l'espace

PROUST, *Contre Sainte-Beuve*,
a propósito do castelo de Guermantes.

O problema do tempo

A crítica desde cedo apontou, na ficção de Clarice, o tratamento especial dado ao tempo, de cuja configuração particular decorreria sua proximidade com os romancistas do fluxo de consciência[1]. Como se sabe, a concepção de "fluxo de consciência" se vincula à do tempo como duração[2]. A esses conceitos se refere Benedito Nunes quando diz que um dos capítulos de *Perto do Coração Selvagem* "focaliza o livre curso das idéias da protagonista a esmiuçar os próprios sentimentos e lembranças" e assim "liga-se

---

1. Em seu artigo de 1944, Álvaro Lins inaugurava as recorrentes alusões ao parentesco de Clarice com Joyce e Virgínia Woolf. Ver o já citado "A Experiência Incompleta: Clarice Lispector".

2. Robert Humphrey, *O Fluxo da Consciência – Um Estudo sobre James Joyce, Virginia Woolf, Dorothy Richardson, William Faulkner e Outros*, trad. Gert Meyer, São Paulo, McGraw-Hill do Brasil, 1976, p. 8.

ao anterior por essa unidade de compenetração do heterogêneo, que caracteriza a *durée*"[3].

Por outro lado, ao analisar *A Maçã no Escuro*, Gilda de Mello e Souza observa que Clarice concebe "um tempo fracionado, feito de pequenos segmentos de duração". Numa romancista cujo objetivo seria a apreensão do instante exemplar, o fluxo temporal se constituiria como a soma desses instantes[4]. Além disso, coexistiriam em *A Maçã no Escuro* duas ordens de tempo. Uma, a "filosofia do instante", seria localizável no plano estilístico. Outra, realizando-se através do enredo e dos atos das personagens, buscaria "surpreender, para lá da fuga da hora e da solidão irremediável entre os seres, a trajetória de um homem". Nessa coexistência justamente residiria o problema composicional do romance pois

[...] se a maneira peculiar... da romancista apreender o real através de lampejos é responsável pela perfeição de tantos trechos, realmente antológicos, é também o principal entrave com que terá de lutar ao construir um todo orgânico. [...] O livro, como a percepção de Clarice Lispector, vale, portanto, pelos momentos excepcionais, pecando pela organização dos mesmos dentro da estrutura novelística[5].

Analisando anteriormente *O Lustre*, a ensaísta apontava já para esse problema[6].

A concepção de um tempo feito como sucessão de instantes dotados de força própria, é já perceptível no início da carreira de Clarice. Por exemplo, o conto "História Interrompida", de 1940, indica desde o título e expressa em vários procedimentos composi-

3. *O Drama da Linguagem*, p. 22.
4. "O Vertiginoso Relance", p. 80.
5. *Idem*, pp. 86 e 91.
6. *O Lustre*, p. 171.

O ESPAÇO REDESCOBERTO

cionais o tema da fratura temporal[7]. Mesmo em *Perto do Coração Selvagem*, onde seguramente a *durée* dá forma ao evolver da consciência de Joana, há momentos em que o tempo segmentado parece ser tematizado: "...esperar o instante que vinha... que vinha... e de súbito se precipitava em presente e de repente se dissolvia... e outro que vinha... que vinha..."[8], imagem que deixa ver, pelas reticências, os abismos da descontinuidade. E posteriormente *Água Viva*, pela busca do "instante-já", faria do tempo fraturado um *leitmotiv*.

Essas rápidas considerações gerais permitem vislumbrar as possíveis dificuldades decorrentes da coexistência de formas diversas de percepção da temporalidade na ficção clariciana: a continuidade da *durée*; a descontinuidade, o pontilhismo, constituídos pela justaposição de instantes isolados[9]. Em abordagem mais recente de *Perto do Coração Selvagem*, Nádia Gotlib aí encontrava duas direções discursivas: uma linear; outra, ao contrário, rompendo a linearidade por alternâncias de tempo e ponto de vista, "num movimento que acaba realçando o *momento* de cada capítulo, conferindo-lhes autonomia no conjunto, como se fossem contos enxertados ao longo do romance"[10].

Entretanto, nas obras citadas, o tempo sempre se realiza na subjetidade – mesmo que se trate, como em *Água Viva*, de um sujeito puramente verbal. Daí se pode inferir a dificuldade adicional de operar com a categoria do tempo em *A Cidade Sitiada*, cuja peculia-

7. Junto com outros da mesma época, esse conto foi publicado postumamente no volume *A Bela e a Fera*.

8. *Perto do Coração Selvagem*, p. 44.

9. Em *La Intuición del instante* (Buenos Aires, Siglo Veinte,1973), Gaston Bachelard confronta o tempo contínuo de Bergson, com o descontínuo, de Roupnel, para afirmar que o dado imediato da consciência seria o instante e não a bergsoniana *durée*. Esta, ao contrário, seria construção *a posteriori*.

10. "Um Fio de Voz: Histórias de Clarice", em *A Paixão Segundo G.H.*, edição crítica. UNESCO, Col. Arquivos, coord. Benedito Nunes, 1988, p. 166.

I I I

ridade está em não ter como foco de reflexão da realidade ficcional (ou como "centro mimético", no dizer de Benedito Nunes) a experiência interior. Tendo em vista os romances anteriores, aqui as personagens se destacam mais como corpos do que como consciências; como objetos do mundo visível, mais do que como sujeitos. O que não significa, como foi dito na introdução, a disjunção dessa polaridade, mas ao contrário uma busca de conjunção que se faz, nesse primeiro momento do trabalho ficcional de Clarice, no âmbito dos três romances da década de 1940. Trata-se agora de chamar a atenção para o mundo, enquanto campo de visibilidade, para que a ênfase no corpo – ele também tornado espaço visível – faça deslocar a tônica das experiências anteriores, permitindo concluir o circuito de reversão e entrelaçamento entre corpo e espírito.

Essa peculiaridade sugeriu o destaque do tipo particular de enquadramento espácio-temporal da obra. Pretende-se mostrar que a construção do enredo se dá pela redução do tempo ao espaço, do acontecer ao lugar de sua ocorrência. O tempo se espacializaria, o mesmo ocorrendo com as personagens; o que parece justificar a opção por abordar a questão espacial antes mesmo do tratamento dado ao ponto de vista.

Primeiros disfarces: os fatos

Entendendo-se o enredo como produto do gesto de enunciação reelaborando os fatos de um enunciado; e o enunciado como disposição de tais fatos em ordem cronológico-causal, um aspecto salta à vista desde a primeira leitura de *A Cidade Sitiada*. Trata-se do modo como a enunciação se atém bastante estritamente à linearidade que baliza o desenrolar dos acontecimentos tanto da vida de Lucrécia quanto da de S. Geraldo. Nesse sentido, uma interpretação que fincasse seus pontos de apoio no comentário e análise seqüencial dos acontecimentos não encontraria grandes obstácu-

O ESPAÇO REDESCOBERTO

los. É o caso, por exemplo, da abordagem de Olga de Sá resumida a seguir. Fiz-lhe pequenos acréscimos tendo em vista somente enfatizar os momentos constitutivos daquela cronologia.

Como se viu, a ensaísta elege como viés de abordagem a oposição entre epifania gloriosa – exemplificada em *Perto do Coração Selvagem* na cena do banho de Joana – e antiepifania. Em *A Cidade Sitiada*, essa prevalece sobre aquela, justificando-se o alinhamento da obra no "pólo paródico" da ficção clariciana. Munida desse pressuposto e acompanhando mais ou menos estritamente a seqüência dos capítulos e eventos da obra, a autora vai apontando os procedimentos que, a seu ver, dão razão a sua escolha[11].

A transformação do subúrbio em cidade se apresenta de modo enigmático "porque as coisas aparecem misturadas". A mistura entre campo e cidade se refaz na oposição entre "o antigo S. Geraldo, o pólo epifânico da afirmação vital" e "o moderno S. Geraldo, a antiepifania, indicando automatismo e morte" (p. 15). Da mesma forma, o "ver" epifânico se transmuta, em *A Cidade Sitiada*, no degradado "espiar", única possibilidade para criaturas grotescas e caricatas como Perseu e Lucrécia.

No primeiro capítulo, o espaço aparece "cronologicamente marcado por dias e horas". Efigênia reúne marcas epifânicas e antiepifânicas. Mas em geral predomina nela, como na cidade e na obra, a ausência da vida do espírito, que é também antiepifania. Há os namorados de Lucrécia: Felipe, o estrangeiro, tem para a moça o atrativo de ser um militar. Perseu, lavrador e homem da terra, representante dos parcos de inteligência, apresenta-se como o avesso paródico e grotesco de seu ancestral mítico. As palavras recitadas por ele são epifânicas, mas degradam-se pela contaminação da boca que mecanicamente cospe caroços.

11. "A Reversão Paródica do Ver em Espiar: o Signo Sitiado", em *Clarice Lispector: A Travessia do Oposto*.

Aconselhada pela mãe, que espera para ela uma união social e economicamente vantajosa, Lucrécia opta por um homem mais velho, Mateus, "para casar-se por dinheiro e desejo de evasão" (p. 18). Na metrópole, para onde se muda com o marido, a moça divide o tempo entre olhar novidades e desempenhar o papel servil de esposa, tanto quanto Mateus que servilmente trabalha como "intermediário". Voltando a S. Geraldo, Lucrécia de início não reconhece a cidade que progredira na sua ausência; depois, agrega-se novamente a ela e passa a exercer um sutil domínio sobre o marido, que antes a dominava.

Sozinha, parte para uma ilha em busca de melhor saúde; e encontra o amor adúltero com Lucas. A estada na ilha é uma "espécie de *intermezzo*" (p. 20), um reencontro com S. Geraldo anterior ao progresso. A volta à cidade é marcada pelo início da debandada dos habitantes, pela morte de Mateus e, enfim, pelo chamado da mãe, convidando a filha a partir em busca de novo marido. Abandona ela também e de vez a cidade, cujo progresso se conclui com a construção do viaduto, no mesmo momento em que termina o sítio. Até aqui, o resumo da leitura de Olga.

Poderíamos abstrair ainda mais, deixando na seqüência apenas os acontecimentos básicos: namoros e início do progresso de S. Geraldo; casamento e mudança para a metrópole; volta à cidade transformada; viagem ao adultério; viuvez, fim do progresso, fuga para outro marido e outra cidade. Tudo seguindo uma ordem razoavelmente estrita e sobretudo óbvia. Mas um óbvio ambíguo semelhante àquele de que fala Lóri: "... é triste só enxergar o óbvio como eu e achá-lo estranho" [12]. Pois em *A Cidade Sitiada*, parece ser possível ver no *óbvio* (ou seja, no que é claro e manifesto) de uma seqüência contínua, o modo de *obviar* (isto é, desviar, obstar, mediar) o acesso a outra coisa: a fratura, a descontinuidade, a descontextualização

---

12. *Uma Aprendizagem ou o Livro dos Prazeres*, p.97.

O ESPAÇO REDESCOBERTO

que tingem de estranheza um discurso que, a depender dos fatos narrados, seria, mais que claro, banal[13]. Mesmo porque, na sala de visitas cujos adornos Lucrécia assedia com o olhar, "cada coisa esperta existia como para que outras não fossem vistas" (p. 92). Não seria então "esperta" a linearidade posta ali para dificultar que outras coisas possam ser vistas diretamente? Retomemos então a questão do enredo para tentar compreender melhor o sentido da esperteza.

O fragmento na escritura clariciana

Clarice credita a inexistência ou fragilidade de seus enredos à sua própria natureza fragmentária: "Eu não tenho enredo. Sou inopinadamente fragmentária. Sou aos poucos"[14]. Num plano mais amplo, em seus trabalhos a concepção da relação entre parte e todo – atinente também à construção do enredo – ganha destaque especial, quer se trate dos trechos constitutivos de um texto, dos capítulos dentro de uma obra, dos contos de uma coletânea, ou ainda de uma obra dentro da Obra. Essa concepção parece aparentada àquela posta em circulação pelos românticos alemães, da revista *Athenaeum*, ao refletirem sobre a natureza do fragmento[15]. Sendo ao mesmo tempo "resto de individualidade e ...individualidade [...] a essência do fragmento é a individuação". E apesar de sua

13. "Óbvio" (adj.): claro, intuitivo, manifesto; "obviar" (verbo): atalhar, desviar, obstar, resistir. *Dicionário Brasileiro da Língua Portuguesa*, São Paulo, Mirador Internacional, 1975, p. 1223.

14. *Apud* Olga Borelli, *Clarice Lispector – Esboço para um Possível Retrato*, p. 15.

15. Examinando mais detidamente a questão do fragmento, pude perceber que na reutilização da forma por Roland Barthes, contemporâneo de Clarice, subjazem pressupostos semelhantes aos dos românticos de Iena. Ver o ensaio "Roland Barthes e a Escrita Fragmentária", *Língua e Literatura* – Revista dos departamentos de Letras da FFLCH-USP, S. Paulo, ano XIV, vol. 17, 1989.

incompletude, "deve ser... fechado sobre si mesmo como um ouriço". Na fórmula de Schlegel: "Em poesia igualmente, toda totalidade poderia bem ser fração, e toda fração a bem dizer totalidade"[16].

Mas a estética do fragmentário, como se sabe, ganha dimensão peculiar neste século, não só na literatura como nas artes em geral. Basta mencionar as experiências do futurismo que tanta importância tiveram para o Oswald dos romances fragmentários, as *Memórias Sentimentais de João Miramar* e o *Serafim Ponte Grande*. Obras cuja experiência estilística teria, segundo Mário da Silva Brito, antecipado os rumos tomados "por Mário de Andrade em *Macunaíma*, por Jorge de Lima em *O Anjo*, por Clarice Lispector em *Perto do Coração Selvagem* [...] por Guimarães Rosa em *Grande Sertão: Veredas*"[17].

Também Clarice compreende de modo ambíguo as noções de todo e parte. E as decorrências disso são de ordem vária. Do ponto de vista exterior da publicação, por exemplo, fica muito facilitado o destaque de trechos numa Obra cuja natureza interna é já em si fragmentária. Tal facilidade de destaque responde, em grande parte, pelo fato de o décimo primeiro capítulo de *A Cidade Sitiada* – "Os Primeiros Desertores" – ter sido traduzido isoladamente para o francês e publicado com o título de "Persée dans le train"[18]. O mesmo aliás já ocorrera com o quinto capítulo de *Perto do Coração Selvagem*, que Clarice diz ter traduzido para o italiano juntamente

16. *Apud* Philippe Lacoue-Labarthe e Jean-Luc Nancy, *L'Absolu littéraire – théorie de la littérature du Romantisme allemand*, Paris, Seuil, 1978, Col. Poétique, p. 82.

17. *Apud* Haroldo de Campos, "Miramar na Mira", em Oswald de Andrade *Obras Completas*, Rio de Janeiro, Civilização Brasileira, 1972, p. xv, vol. II.

18. "Persée dans le train" foi publicado com a indicação 11ème chapitre de "A Cidade Sitiada" *Roman 8*, Paris, julho de 1952, traduzido por Beata Vettori, pp. 579-587. A informação está no ensaio de Nádia Gotlib, "Un Apprentissage des sens", em *Clarice Lispector – Le souffle du sens*. *Études françaises*, Les presses de l'Université de Montréal, 1989, pp. 69-86.

O ESPAÇO REDESCOBERTO

com Ungaretti, com o título de "La zia"[19]. Essa ambigüidade pode também responder por informações equivocadas. No periódico *Brasil*, Augustina Roca resenha o conjunto da ficção clariciana, fornecendo uma bibliografia dividida por gêneros, onde se inclui *A Cidade Sitiada* como volume de *contos*[20].

Para além, entretanto, das ocorrências cujas causas podem também se entrever em fatores exteriores, há outro aspecto mais significativo a considerar. Trata-se da experiência da obra enquanto processo. É conhecido o episódio em que a escritora entregara a Lúcio Cardoso escritos vistos por ela como uma coletânea de fragmentos, esperando do amigo uma indicação de como integrar os "cacos" em alguma totalidade. Por sugestão de Lúcio, o material, tal qual se encontrava, teria originado *Perto do Coração Selvagem*. Algo semelhante, do ponto de vista da percepção de Clarice sobre seus trabalhos enquanto os engendrava, ocorreu também com o texto que escrevia em início de 1976. Indagada por um repórter sobre de que se tratava, a escritora disse ser um *conto*, que se chamaria *Quanto ao Futuro*. Esse se tornaria, como se sabe, um dos títulos de *A Hora da Estrela*[21].

19. Informação colhida no trabalho de Eliane Vasconcellos, "Clarice Lispector no Arquivo-museu de Literatura", em *Letras de Hoje*, Curso de Pós-graduação em Lingüística e Letras da PUCRS, Porto Alegre, EDIPUC, 1993, pp. 19-40.

20. A resenha, em espanhol, foi encontrada nos arquivos de *O Estado de S. Paulo*. Nela não constam indicações seguras sobre o tipo de periódico ou local de publicação. Informa-se apenas a data, dezembro de 1988.

21. Em entrevista a Elizabeth Marinheiro para o *Diário da Borborema*, de Campina Grande, em 26.10.1975, Clarice informa que está escrevendo o seu "primeiro conto manuscrito, na mesa: 'Quanto ao futuro', estória de uma nordestina que mora no Rio, na maior pobreza". Na entrevista a Edilberto Coutinho para *O Globo* de 29.4.1976, por ocasião do concurso literário da Fundação Cultural do Distrito Federal, Prêmio Brasília de Literatura, Clarice fala outra vez de seu novo livro, que ela não sabe "ainda se vai ser conto, novela ou romance".

Assim, a questão da natureza de todo e parte parece passar sobretudo pela estrutura da percepção interna que Clarice tem de seu trabalho: cada gesto de escritura – independentemente da extensão e feição que venha a ter – é vivido através da qualidade de unicidade e totalização que a presentificação da experiência confere. Ao mesmo tempo, como escrever é o que *salva* do fluxo temporal da destruição, é preciso engendrar continuamente novos gestos de escritura: cada qual monadicamente fechado sobre si, mas ao mesmo tempo reverberando nos outros[22].

Já se mencionou que Gilda de Mello e Souza chama a atenção para a coexistência de duas ordens temporais opostas em *A Maçã no Escuro*. E que disso resultaria o problema composicional da obra, pois a singularização do instante dificultaria a constituição de uma totalidade propriamente novelesca. Semelhante mas de resultados diversos é a avaliação de Massaud Moisés quando comenta *Laços de Família*. Clarice não seria tão boa contista quanto romancista. Pois, de seu pendor analítico decorreria que, se se juntassem todos os contos do volume pelo núcleo dramático, abstraindo-se os incidentes particulares, obter-se-ia a atmosfera de um romance[23].

Como se pode observar, o que novamente está em jogo é a ambigüidade da concepção clariciana de parte e todo que faz Gilda

22. Esse movimento duplo de compartimentação e integração freqüenta a Obra de Clarice. Em *A Paixão Segundo G.H.* as partes são, ao mesmo tempo, separadas pelos brancos de fim de página e reunidas pela repetição sistemática do fim de cada uma no começo da seguinte. Em *Água Viva*, o discurso brotando em jorro mostra entretanto que a massa d'água é feita de milhares de gotas-fragmentos reutilizáveis em contextos diversos. A utilização do procedimento é clara também em *Uma Aprendizagem ou o Livro dos Prazeres*.

23. "Clarice Lispector Contista", *Temas Brasileiros*, São Paulo, Comissão Estadual de Cultura, 1964, p. 120. Olga de Sá observa que posteriormente, em dois artigos de 1970, intitulados "Clarice Lispector: Ficção e Cosmovisão", Moisés reveria sua avaliação do conto clariciano. Ver *A Escritura de Clarice Lispector*, p. 38.

O ESPAÇO REDESCOBERTO

enxergar defeito no excesso de autonomia da parte, dificultando a integração na totalidade. E faz Massaud ver também defeito mas pelo outro lado: a independência de cada conto estaria prejudicada por sua semelhança com as demais peças do conjunto, que então pareceria romance. Em ambas as avaliações parece subjazer a idéia de que a parte é exclusiva função do todo. No entanto, considerá-la como ambigüidade de totalidade e fração parece ser fundamental para encontrar o modo próprio de construção da Obra clariciana.

Referindo o problema aos dois primeiros romances, verifica-se que *Perto do Coração Selvagem* apresenta já uma divisão clara em capítulos que, como partes dentro do todo, são dotados de relativa autonomia. Essa feição se perde em *O Lustre*, que justamente radicaliza a experiência da construção do mundo a partir do fluir da consciência, enfatizando-se a técnica do monólogo interior. O primeiro romance também segue de perto o movimento interior da personagem mas alternando, pela quebra de capítulos, tempos diversos e modos diferentes de atuação da consciência diante do mundo.

Os capítulos-fragmentos de A Cidade Sitiada

A Cidade Sitiada retoma a compartimentação em capítulos da obra de estréia da escritora. Mas o que apresenta não é mais, como naquela, um mundo filtrado pela consciência da personagem. O que há agora são "quadros estáticos da vida de província"[24]. Quadros que pintam, junto com o ambiente provinciano, personagens feitas, *grosso modo*, de seu mesmo estofo de exterioridade[25]. Um

---

24. Benedito Nunes, *O Drama da Linguagem*, p. 33.
25. É interessante lembrar que no conto "Mistério em S. Cristóvão", de *Laços de Família*, escrito pela mesma época de *A Cidade Sitiada*, as personagens são construídas como máscaras vazias. A atmosfera decorrente – de teatralidade fantasmagórica e sonambulismo – assemelha-se à daquele romance.

119

mundo em que seres, com aparência de pessoas, têm no entanto mais parentesco com o exterior das coisas (objetos, animais etc.) do que com o interior da subjetividade. Nesse sentido, como já foi dito, é possível ver em *A Cidade Sitiada* o terceiro momento de um movimento novelístico único, iniciado com o primeiro romance de Clarice. Momento de retomada e reversão. Retomada da divisão em capítulos. Reversão do plano a partir do qual se constrói a realidade: antes, a consciência; agora, o mundo.

Os capítulos-partes de *A Cidade Sitiada* são, ao mesmo tempo, individualidade e fração, cada qual com características próprias mas reverberando nos demais do conjunto. Destacáveis num certo sentido, sua seqüência garante entretanto a existência do já mencionado conjunto de fatos da vida da moça e da cidade. E noutra perspectiva, pode-se ver nesses capítulos, parcialmente, a configuração de uma geometria global, de natureza espelhística. O primeiro em simetria com o último, ambos enfocando Lucrécia agregada à vida e à população de S. Geraldo. O segundo simétrico ao penúltimo, os dois centrados em Perseu. O terceiro – que mostra as tentativas de Lucrécia em busca de sua parelha masculina – assemelhado ao antepenúltimo, onde finalmente encontra o amante.

Dentre os fatores responsáveis pela autonomia relativa dos capítulos seria possível mencionar, além da fragilidade do fio narrativo, a forte tendência ao pictórico que realça a descrição em proposital detrimento da narração. E ainda o modo acabado de organização interna de cada um, bem como certas peculiaridades estilísticas. Vejamos mais detidamente como isso se dá, confrontando a configuração geral dos capítulos 1 e 6, e salientando semelhanças e diferenças.

"O Morro do Pasto" se organiza pelo eixo espacial, trabalhado no nível de relações horizontais e verticais. Os quadros sucessivos mostram fontes diferentes e formas diversas de incidência de luz: ora a mescla de iluminação artificial e natural durante a noite na

O ESPAÇO REDESCOBERTO

festa religiosa; ora as luzes naturais do dia, da noite e do crepúsculo. As alterações urbanas se projetam, em ritmos diferentes, no plano horizontal, desde o centro – onde essas modificações são mais rápidas e mais visíveis suas decorrências – até a periferia, cuja resistência à mudança é redita no plano da verticalidade: no alto, pelos cavalos livres do morro do pasto; embaixo, no riacho ou no parque, pelo predomínio do elemento líquido em contraste com a dureza dos materiais que dão forma à incipiente vida urbana.

Maciçamente descritivo, o capítulo se desenvolve por expansão, distanciamento e alteração de luzes. Começa no ambiente noturno circunscrito ao pátio da igreja, durante a festa em honra do padroeiro, em pleno centro do subúrbio. Passa por diversos espaços urbanos intermediários e por diferentes iluminações. E termina com o crepúsculo matinal, na extrema periferia quase já campo, junto a Efigênia, cujo olhar parteja o novo dia. O parágrafo de conclusão dá ao gesto de Efigênia e às palavras da narradora um tom de solenidade que indica tanto o final glorioso do capítulo, como o glorioso começo do romance: "Sua dureza de jóia. O arame se balançava sob o peso de um pardal. Ela cuspia de novo, ríspida, feliz. O trabalho de seu espírito tinha sido feito: era dia" (p. 25).

O capítulo 6, "Esboço da Cidade", também fortemente descritivo, tem organização semelhante. Articula o efeito da luz das duas horas da tarde ao percurso de Lucrécia pelos espaços vários de sua casa para circunscrever um campo de exercício de visibilidade. O final aqui inverte o esquema anterior. Pois o gesto pretensamente solene de Lucrécia, ao atingir a culminância de seu experimento de transformação em coisa, é rebaixado pelo comentário irônico da narradora: "Oh, apenas uma dessas piruetas de moça casadoura. São tão alegres. Às vezes fazem as cambalhotas mesmo na frente dos outros, e riem muito depois" (p. 94).

Outras diferenças são, da mesma forma, claras. O capítulo de abertura apresenta elementos da ordem do narrativo: os passeios de Lucrécia – primeiro com Felipe, depois com Lucas – são *funções* [26] abertas para outra, o casamento; e a menção ao início das transformações do subúrbio abre para sua conclusão, ao fim do livro. O sexto capítulo ao contrário, sendo a encenação de um exercício visual, em nada faz avançar a história. O primeiro é obra da narradora que vê e descreve Lucrécia e o povo. O sexto é baseado numa ambigüidade visual: como se verá melhor adiante, a narradora vê a personagem vendo.

Em "O Morro do Pasto", o olhar narrativo parte da festa noturna e conclui com a aurora, depois de flagrar instantes diversos da vida urbana. O ritmo de sucessão dos quadros é rápido. E se acelera, em acúmulo de detalhes visuais, pelo movimento de retirada e quase fuga de Lucrécia de volta a casa. São técnicas cinematográficas que organizam a totalidade do capítulo. Há um grande corte separando o primeiro plano-seqüência – desde a praça até o sobrado onde mora a moça –, das cenas focalizando locais e tempos vários da cidade se transformando. Entre essas cenas há também cortes, embora menos bruscos. E há ainda o próprio plano-seqüência sem cortes que, como um *traveling*, acompanha Lucrécia até a rua do Mercado.

Em "Esboço da Cidade" ao contrário, a narração incide sobre um mesmo momento do dia. Fala de uma mesma luz, a das duas horas da tarde, e de uma só atividade da personagem, assediando as coisas com o olhar. De início indiretamente, na cozinha, pelo álibi da tarefa doméstica. Depois, na sala, sem desculpas, em ataque frontal. O ritmo é lento pois agora não se trata mais de descortinar um amplo panorama, como no outro capítulo. Se aí a visão incidia à distância sobre espaços urbanos vários, agora se aproxima e amplifica o espaço reduzido da casa. A recorrência da mesma

26. Uso o termo *função* com o sentido que lhe dá Roland Barthes em "Introdução à Análise Estrutural da Narrativa", em VVAA, *Análise Estrutural da Narrativa*, trad. Maria Zélia B.Pinto, Petrópolis, Vozes, 1971.

marca cronológica refreia o andamento: Lucrécia aparece "na cozinha às duas horas da tarde" (p. 85); e ressurge "toda iluminada, toda medida pelas duas horas". Junto com ela estão também "as coisas às duas horas" (p. 86). E o exercício de visão se faz porque "a moça sustentava a iluminação das duas horas" (p. 87).

Além desses dois andamentos possíveis – mais acelerado, mais lento – , há ainda capítulos que buscam o efeito de quase total paralisia, como no caso de "O Cidadão" que começa e termina com Perseu parado à janela, olhando a rua. Como nesses, todos os capítulos são organizados pela articulação da situação de permanência ou trânsito da personagem ou da narradora, olhando cenários que se diferenciam tanto pelo modo de olhar como pelo tipo particular de incidência da luz sobre o mundo-cenário. Essa peculiar organização parece ser o mais forte traço de união entre os capítulos.

Cronologia e narratividade: novos disfarces

Tanto o tempo – ao se apresentar como momento particular de incidência da luz sobre o mundo – como a personagem – aparecendo como corpo mais do que como consciência – falam da configuração da realidade da obra como exterioridade e espacialidade cênica. Isso implica a impossibilidade da tessitura de uma rede cronológica real, apesar de em toda a obra proliferarem marcas que à primeira vista parecem cronológicas. Como entretanto ostentam sua inoperância na configuração de uma cronologia enquanto tempo linear cujos intervalos individualizados, isto é, datados, dariam suporte ao tempo da história social, tais marcações se denunciam como cronométricas, vinculadas a um tempo exterior, físico e cósmico, não individual nem social[27]. Como se verá adiante, essa cro-

---

27. As distinções entre marcas cronológicas e cronométricas, bem como entre os tipos de tempo a que dão suporte, encontram-se em *O Tempo na Narrativa*, de Benedito Nunes, São Paulo, Ática, 1988, p. 17.

nometria contribui para esvaziar de historicidade social o "progresso", tal como a obra o figura, parodiando a concepção iluminista do termo.

Na abertura de *Perto do Coração Selvagem*, um relógio, misturado com as batidas da máquina de escrever, o silêncio e "uma orelha à escuta, grande, cor-de-rosa e morta", valia pelo contraste entre seu som e o dos demais objetos. Joana-menina observava a inadequação entre o tempo do relógio e o de sua interioridade – "quando não lhe doía nada, se ficava defronte do relógio espiando, o que ela não estava sentindo também era maior que os minutos contados no relógio"[28] – o que permite perceber a coexistência de dois tempos. O da consciência, configurado como *durée*, impondo-se sobre a cronologia esvaziada de sentido.

Em *A Cidade Sitiada*, se não há cronologia enquanto medida de um tempo exterior, dimensionado socialmente, tampouco há o tempo da interioridade, como ocorria nos dois romances anteriores. Agora as personagens, reduzidas a avatares do espaço cênico, pouco aparecem como subjetividades. Enquanto o tempo da memória, do desejo e do imaginário preenchiam os minutos de Joana e Virgínia, Lucrécia – e sobretudo os demais habitantes de S. Geraldo – estão em grande parte enclausurados num puro presente, tempo de sua perfeita aderência à exterioridade das coisas visíveis. Esse presente, verdadeira negação ou suspensão temporal, é o tempo espacializado da cidade em estado de sítio.

São muitos os exemplos de que as marcas de tempo não são índices de um sistema temporal socialmente referido. A frase de abertura – "Onze horas, disse o tenente Felipe" (p. 9) – inaugura a recorrência desse tipo de notação. As "onze horas", diferentemente do que sugerem à primeira vista, não pontuam experiências

28. *Perto do Coração Selvagem*, pp. 9 e 12, respectivamente.

O ESPAÇO REDESCOBERTO

intersubjetivas. Designam um instante cósmico preciso, um espaço exterior, o da luz noturna sob a qual um mundo se torna visível, de um modo particular. Na primeira parte do capítulo como fantasmagoria, a luz trêmula das chamas tornando monstruosas as caras, e o luar revelando extensas zonas de escuridão mal-assombrada. E na segunda parte, sob outras luzes: a iluminação chapada da manhã, o crepúsculo da tarde.

O procedimento é perceptível ainda em outro plano. A seqüência constituída pelos capítulos 2 a 6 é pontuada por notações de tempo que claramente possibilitam estabelecer, no plano do enunciado, uma ordem linear de ocorrência. O capítulo 2 recobre alguns instantes de uma tarde: começa às "quase três horas", com Perseu à janela (p. 27) e termina quando "o relógio atrasado da igreja" completa as três (p. 30). O seguinte se engancha no anterior desde a primeira frase: "nessa mesma tarde ouviu-se a cadência de patas nas pedras da rua do Mercado" (p. 31); sendo a *mesma* tarde, supostamente, aquela em que acabamos de encontrar Perseu. E termina com a chegada de Lucrécia a casa antes do jantar, de volta do passeio, na noite daquela *mesma* tarde. O capítulo 4 põe em cena o serão de mãe e filha, depois do jantar até a hora de dormir, a sala se preparando "para a longa noite" (p. 73). E é da longa noite do sono de Lucrécia que trata o capítulo seguinte, fechando-se quando o relógio da torre bate as nove horas da manhã (p. 83). Em continuação, o sexto capítulo abre mostrando a moça "nesse dia" na cozinha, "às duas horas da tarde" (p. 85).

Como se vê, a seqüência é cerrada e cobre um lapso temporal bastante curto: mais ou menos 23 horas. A narração entretanto atua, de modos diversos, no sentido de esvaziar as marcações da dimensão cronológica que sua aparência sugere. Primeiro porque, a rigor, a natureza de cada um desses capítulos em nada se alteraria, caso aquela seqüência fosse diversa. Qualquer um deles poderia começar, como o sétimo capítulo por exemplo, com uma nota-

I25

ção temporal não vinculada ao antecedente ou ao conseqüente: "Mas de manhã, ao café, tudo era amarelo..." (p. 95). Depois porque, pelo modo como muitas dessas notações se materializam, deixam de constituir marcações abstratas de um tempo mensurável, para ganhar densidade corporal de tempo cósmico.

O início da cena de Perseu à janela é indicado pelo passeio do olhar de Efigênia "pelos arredores ensolarados: eram quase três horas e todas as portas começaram a se abrir ao mesmo tempo". As três horas valem para indicar o momento da luz solar ainda intensa que faz ver inteiramente a superfície das coisas. No segundo capítulo, depois das batidas do relógio da praça, "o subúrbio foi submergindo", "sob as badaladas vibrantes". E "quando reapareceu escorrendo às últimas ressonâncias, o subúrbio estava claro e tudo podia ser mais visto..." (p. 29). Pela assimilação das badaladas ao elemento líquido, o tempo se materializa e anula a dimensão abstrata da marcação do relógio. De modo semelhante, no quarto capítulo, o "tique-taque do pêndulo", fiel a sua natureza material sonora, não é mero índice temporal mas corpo denso que "*tombava* preciso" constituindo-se também como materialidade luminosa, "círculos concêntricos *se apagando nas sombras* dos móveis" (p. 55, grifos meus).

De resto, são freqüentes as vinculações da notação temporal a um determinado modo de visibilidade. Na cozinha, Lucrécia percebia que "cada vez que se voltasse para o lado, a visão estaria de novo de lado. Era assim que a moça sustentava a iluminação das duas horas..." (p. 87). E o escoamento do tempo da vida da personagem indica sua experiência exterior de visão: "um minuto a mais já a transformara: agora o modo de olhar anterior não servia" (p. 87).

Outro tipo de procedimento se integra ao anterior para descronologizar e espacializar o tempo. As fórmulas de narratividade são propositalmente postas para serem negadas. A segunda parte do capítulo 1 se inicia por uma frase comum em contextos que prepa-

O ESPAÇO REDESCOBERTO

ram o desencadeamento narrativo: "O subúrbio de S. Geraldo, no ano de 192..., já misturava ao cheiro de estrebaria algum progresso" à qual se seguem menções cronológicas várias – "de manhã", "ao pôr-do-sol", "às duas da tarde" etc. No entanto, como as ações não evoluem no sentido de engendrar um acontecer contínuo, enclausuradas por um movimento contrário àquele que seu sentido aparente anuncia, acabam configurando não uma narração mas uma pintura, não um processo mas sua descrição.

No mesmo sentido vai a referência à criação da Associação da Juventude Feminina de S. Geraldo:

> Foi nessa época de brisa e indecisão, nesse momento de cidade ainda mal erguida, quando o vento é presságio e o luar horroriza pelo seu sinal – foi no descampado desta nova era que nasceu e morreu a Associação de Juventude Feminina de S. Geraldo (p. 16)

– em que uma fórmula aparentemente narrativa se repete em configurações várias (foi nessa época, nesse momento, foi no descampado), criando de propósito, pela recorrência, a expectativa de uma continuidade que se frustra, na última repetição, pelo efeito de simultaneidade de começo e fim: "nasceu e morreu". E ao espacializar o tempo, a simultaneidade ecoa em outras configurações espácio-temporais: "nesse *momento* de *cidade* mal erguida... no *descampado* desta nova *era*" (grifos meus).

O capítulo 6 é particularmente revelador. Suas duas primeiras partes são introduzidas por notações espácio-temporais semelhantes, ambas constituídas por fórmulas narrativas: "Nesse dia aconteceu a Lucrécia Neves estar na cozinha às duas horas da tarde"; assim começa a primeira parte. "Depois que guardou os pratos enxutos é que se iniciou a verdadeira história desta tarde"; e assim, a segunda. Entretanto a seqüência que constitui o contexto dessas fórmulas esvazia-as de dimensão narrativa.

127

Na primeira parte, não só porque o acontecer temporal é assimilado pelo estar espacial. Mas também porque, das duas recorrências próximas do verbo "suceder", uma introduz a ação como pretexto para o realce da visualidade:

> Muitas vezes já sucedera à moça lavar os pratos do almoço enquanto a mãe fazia compras. Era um dia igual aos outros. E talvez por isso mesmo é que, num amadurecimento, esta tarde se aclarava particularmente pelas venezianas das janelas;

a outra oculta propositalmente o sucedido para enfatizar a inserção de Lucrécia num interstício temporal, portanto fora do domínio próprio do suceder:

> O que sucedeu nesta tarde ultrapassou Lucrécia Neves numa vibração de som que se confundisse com o ar e não fosse ouvida./ Foi assim que ela escapou de saber. A moça tinha sorte: por um segundo sempre escapava.

Na segunda parte do capítulo se dá o mesmo. Pois a "verdadeira história desta tarde" – história dos diversos modos de ver, assunto central do capítulo –, anula-se como narratividade dando lugar ao descritivo. É uma história "que poderia *ser vista* de modos tão diversos que a melhor maneira de não errar seria a de apenas *enumerar* os passos da moça e *vê-la* agindo assim como apenas se diria: cidade". A história é portanto o ato de enunciar visualmente o espaço: casa e cidade. Essa imagem mostra, aliás, que o projeto construtivo da narradora imita claramente o modo paratático-enumerativo da visão de Lucrécia, que também "gostava mesmo de quem contava como as coisas eram, *enumerando*-as de algum modo..." (p. 25, grifos meus).

Os exemplos acima indicam com clareza que tanto as marcas cronológicas quanto os índices de narratividade aparecem mas esvaziados de sua função. Donde adquirirem a feição de caricatu-

O ESPAÇO REDESCOBERTO

ra de cronologia e de narrativa. Como, aliás, em outro plano, as personagens caricaturam pessoas, sendo essa uma das razões da caracterização grotesca. Tais caricaturas funcionam como modo enviesado de espacializar o tempo e fazer do corpo (tanto o dos personagens como o do mundo) uma realidade visível. E todos esses procedimentos visam ao objetivo maior da obra: arrebatar ao fluxo temporal um campo de visibilidade, justamente para que as coisas apareçam pelo frescor do olhar que as renova. Adiantando o que será visto melhor posteriormente, esse espaço de exercício de uma visão regeneradora só é possível pela recusa do olhar *espiritualizado*, que sobrevoa o visto e se separa da carne que o enraíza no mundo. E pela busca de um olhar outro, fazendo-se a partir do próprio corpo – entendido como "espaço corporal" –, que só vê porque é ele também visível.

A preponderância do descritivo, como é de supor, vai na esteira dos procedimentos anteriores, para operar a espacialização do tempo. Na narração, diz Genette, a sucessão temporal dos acontecimentos se projeta na sucessão também temporal do discurso. A descrição, ao contrário, projeta no sucessivo a representação de objetos simultâneos e justapostos no espaço. Se o narrativo coincide temporalmente com seu objeto; o descritivo, ao contrário, convive dilaceradamente com um objeto de natureza oposta à sua.

Além disso, a descrição "uma vez que se demora sobre objetos e seres considerados em sua simultaneidade, e encara os processos eles mesmos como espetáculos, parece suspender o curso do tempo e contribui para espalhar a narrativa no espaço"[29]. Adiante se verá melhor que *A Cidade Sitiada* faz da suspensão temporal um dos modos da espacialização. Nesse sentido, o acúmulo de descri-

29. "Fronteiras da Narrativa", em VVAA, *Análise Estrutural da Narrativa*, Petrópolis, Vozes, 1971, p. 267.

ções tem a importante função de permitir à enunciação obstar – isto é, obviar – o curso dos acontecimentos constitutivos do enunciado.

Casamento e progresso:
ordens deslocadas mas similares

A rigor, esse enunciado oferece duas ordens de eventos que a enunciação apresenta, como se viu, sem inversões: as mudanças na vida de Lucrécia e da cidade. Aparecem sucessivamente: os namoros e o início das mudanças de S. Geraldo; o casamento e o abandono do subúrbio; o adultério e o recuo para a ilha como metáfora do estágio anterior à urbanização; a viuvez e a fuga definitiva da cidade, enfim tornada metrópole. Tendo em vista as alternâncias de tempo de *Perto do Coração Selvagem*, a história aparentemente flui sem obstáculos. Entretanto, do ponto de vista temporal a novidade, em *A Cidade Sitiada*, não está na alternância de temporalidades diversas interiores à consciência, mas na configuração de um tempo espacializado, exterior a ela.

Além do mais, apesar da ausência de alternância temporal e de as imagens enfatizarem a similaridade entre o plano da personagem e o do espaço urbano, esse planos não constituem entre si uma rede cerrada de correspondências. Os eventos referentes às transformações da cidade são assunto central apenas nos capítulos de início e fim. Nos demais, ou as referências são laterais – como no capítulo 9 – ou inexistem – caso dos capítulos 2 e 6. Por sua vez, as mudanças na vida de Lucrécia se centram basicamente nos capítulos 7, 8 e 9. Nos demais, ou não são mencionadas, como nos capítulos 2 e 5; ou o são com pequeno destaque, como no primeiro; ou aparecem como que casualmente e desvinculadas do restante – como no capítulo 6, que mostra Lucrécia na atividade de ver o mundo, e onde, num dado momento, ela coloca, descon-

O ESPAÇO REDESCOBERTO

textualizada, sua dúvida: "que faria até casar? senão andar de um lado para outro..." (p. 63).

Em suma, há capítulos que ou não fazem menção alguma ou mencionam de modo brevíssimo os elementos que se inscreveriam num plano de narratividade propriamente. Do capítulo 2 ao 6 quase não há referências àqueles elementos. A exceção é o capítulo 3 cujo assunto central, embora seja a atividade de olhar, alude ao casamento pela descrição dos passeios de Lucrécia com os namorados. Do capítulo 7 ao 9, ao contrário, como que se precipitam e esgotam todos os motivos vinculados ao casamento. De modo que há uma aparência geral de deslocamento entre as duas ordens inseridas no plano do narrativo e entre esse plano e o do descritivo centrado no exercício visual, esse sim ponto fulcral da obra.

O resultado é não somente o reforço da autonomia de cada capítulo, mas a ênfase na relação de exterioridade entre as pessoas e seu ambiente. Ou seja, não havendo vínculos de causa e efeito em nenhum plano, não havendo relações intersubjetivas, uma vez que as personagens são mais aparentadas aos objetos, não havendo interação, as relações passam a se dar no plano espacial das similaridades, podendo assim se refletir umas nas outras, mesmo deslocadamente.

É assim que as duas ordens de mudança – o casamento como transformação da personagem, e o progresso transformando a cidade – ocorrem simultaneamente mas deslocadas entre si. Uma entretanto é símile da outra, casamento e progresso equivalendo-se. Pois o que Lucrécia ganha, ao se casar, é tanto o marido como a metrópole, para onde se muda. Para ela "todo homem parecia prometer uma cidade maior a uma mulher". Ana, sua mãe, vincula igualmente casamento e progresso quando aconselha a filha a se casar com Mateus: "– Se você casasse com ele, teria muitas coisas, chapéus, jóias, morar bem, sair deste buraco..." (p. 96).

O símile se evidencia também no fato de que o capítulo "A Traição" não é o que relata o adultério, mas o que refere a atitude de Lucrécia que progride do subúrbio para a metrópole, ao se casar com Mateus. Pois a moça, "depois de ter vendido S. Geraldo", é pilhada "calculando e medindo esta nova cidade que comprara". O crime não é o adultério, porém literalmente o abandono da cidade: "Modesta no seu crime, sem culpa" (p. 105). Essa assimilação parece permitir compreender porque o progresso – que na acepção iluminista supõe o tempo das relações intersubjetivas – aqui não é referido a esse tempo mas ao do corpo que, enquanto coisa visível, exterior, apresenta-se como mundo da natureza.

O progresso inscrito no tempo do corpo

Esvaziado de interação humana, o progresso se inscreve numa espécie de história naturalizada. A "nova era" que se instala em S. Geraldo aparece através dos produtos desvinculados do processo que os teria engendrado:

E como estouravam os pneumáticos! Tinham-se aberto inúmeros escritórios com máquinas de escrever, instalações de arquivos de ferro e canetas automáticas. Cópias e cópias eram batidas em mimeógrafos e assinadas. Os arquivos rebentavam, plenos do registro imediato do que se passava (p. 169).

Sem motivo aparente, pneus estouram, escritórios se abrem. Cópias mimeografadas figuram a proliferação desordenada de peças que, soltas, amontoam-se, sem formar sistema. Arquivos se entopem com o registro de fatos que não fazem história. Puros estereótipos de progresso. Como são estereótipos as palavras da carta de Lucrécia a Ana, interrompidas pelas reticências num gesto irônico que revela sua cristalização como lugares-comuns: "Minha cara mãe, Mateus faleceu, só outra mulher pode compreender o desespero de uma viúva! No entanto acho que'..." (p. 168).

O conceito de *história naturalizada* serve a Walter Benjamin para descrever a visão da história subjacente ao drama barroco alemão. Na obra em que trata do assunto, o crítico relaciona aos poetas barrocos do século XVII o Goethe dramaturgo que, em *A Filha Natural*, via "nos acontecimentos políticos apenas o horror de uma vontade de destruição periodicamente renovada, *à semelhança das forças naturais...*"[30]. A concepção de uma história inscrita no plano da natureza parece ser de grande valia na compreensão de *A Cidade Sitiada*, apesar das diferenças entre essa obra e a dos dramaturgos barrocos.

Uma dessas diferenças está em que, no drama barroco, um *ethos* dá conteúdo humano às personagens, dotadas de vícios e virtudes. A natureza estóica dessa ética – e a dignidade que o soberano ostenta é a do estóico – é o que a torna anti-histórica[31]. Na obra de Clarice, o problema é diverso. A própria noção de ética é descabida pelo mesmo motivo que esvazia a de progresso. Não sendo subjetividades, as personagens não podem ostentar vícios ou virtudes, além daqueles que eventualmente lhes atribui a narradora, de modo enxertado e num tom sempre mais ou menos irônico.

Definida por Herbert Cysarz como "panoramática"[32], a história no drama barroco é secularizada na cena do teatro. E, segundo Benjamin, exprime

[...] a mesma tendência metafísica, que levou, simultaneamente, a ciência exata a descobrir o cálculo infinitesimal. *Nos dois casos, o movimento temporal é captado e analisado em uma imagem espacial.* A imagem do palco, ou mais exatamente, da corte, se transforma na chave para a compreensão da história.

---

30. *Origem do Drama Barroco Alemão*, São Paulo, Brasiliense, 1984, p. 112, grifo meu.
31. *Origem do Drama Barroco Alemão*, p. 111.
32. *Apud* Benjamin, *op. cit.*, p. 115.

Além disso, "mesmo fora das narrativas dramáticas, na poesia lírica, ocorre uma projeção no espaço do processo histórico"[33].

O vínculo entre produções ficcionais distantes historicamente mas assemelhadas pelo destaque que concedem ao espaço parecerá tanto mais possível se tivermos em mente que neste século tal destaque volta a se verificar. Henri Lefebvre lembra que se a ciência do século XIX tinha como pressuposto "o estudo de trajetórias contínuas" e que se o evolucionismo "estendia à história natural um esquema tirado do estudo do contínuo matemático"; o século XX, ao contrário, é invadido pela noção de "descontinuidade", o que motiva o descrédito do conceito de "processo" em favor do de "estrutura".

Assim, "em toda parte descobrem-se estruturas descontínuas e unidades distintas: átomos, partículas, genes, elementos da linguagem, fonemas e morfemas"[34]. E se o conceito de *continuum* temporal se torna obsoleto, o mesmo ocorre com o de *progresso*. Tal como se originou no século das luzes e se desenvolveu no seguinte, a noção tem como pressupostos, evolucionismo e totalização. Aquele obrigando a pensar em escalas ascendentes dotadas de um *telos*, a forma final e definitiva. Esta integrando os elementos como fases de um processo único e geral. Em ambos os casos se supõe um movimento temporal indo do inferior ao superior[35].

---

33. *Origem do Drama Barroco Alemão*, pp. 115 e 117, grifos meus. Cabe lembrar aqui que Leibniz, criador do cálculo infinitesimal, fornece uma das chaves de compreensão da construção do conto de Clarice, "A Quinta História". A última história se chama "Leibniz e a transcendência do amor na Polinésia". Os vários episódios, tematizando a infinitude do narrar, relacionam-se por encaixe e configuram uma temporalidade infinitamente fraturável que está, ao mesmo tempo, confinada ao espaço do primeiro dos episódios, que funciona como narrativa moldura. Cf. *A Legião Estrangeira*, p. 91.

34. Henri Lefebvre, "O que é Modernidade", *Introdução à Modernidade*, Rio de Janeiro, Paz e Terra, 1969, pp. 209-210.

35. Marilena Chauí, "A Destruição da Subjetividade na Filosofia Contemporânea", p. 66.

Ora, o progresso em S. Geraldo caminha, na contramão daquele movimento, em direção a sua derrocada, para o momento em que os habitantes a abandonam. Além do que, os materiais que sustentam a urbanização – carvão, ferro, aço – aparecem não enquanto matéria prima mas como matéria. Tanto quanto as inovações técnicas, esses materiais não se vinculam a sistema algum. Seu surgimento não se dá por desdobramento causal mas como que pela força da fatalidade. A mesma que explicaria os gestos mecânicos das personagens. A força da natureza aparece como motor do progresso, tanto quanto das pessoas. Trata-se não do tempo social (referido às intersubjetividades) mas do tempo biológico (o dos corpos vivos) ou astronômico (dos corpos celestes). A inscrição do tempo do progresso no do cosmos e do corpo se mostra claramente numa das imagens da transformação da cidade, ao se unirem no mesmo plano indícios de movimentos astronômico, social e corporal: "...ao redor havia os começos alegres de primavera, as modas se transformando, as unhas crescendo e se cortando; a civilização se erguia..." (p. 120).

Já se viu a grande importância do movimento astronômico de rotação da terra, responsável pelos vários pontos de incidência da luz com que se desenha o espaço esquadrinhado nos capítulos. Uma descrição do entardecer na cidade se urbanizando mostra que os trabalhadores "passando pelas ruas mais leves... na luz pareciam vir do horizonte e não do trabalho" (p. 15), imagem clara do modo pelo qual o trabalho, componente essencial do progresso como produto humano dotado de um *telos*, é preterido em favor do espaço (o horizonte) enquanto palco de um tipo especial de iluminação. E a vida do corpo, embora velada pela caricatura dos gestos sociais (sobretudo o casamento) acaba se revelando nas outras formas de vida – animal e vegetal – que alegorizam personagens inscritas no plano da natureza: os cavalos libertos e prisioneiros; a vegetação luxuriante da ilha do adultério.

Além disso, o modo como o enredo dispõe os elementos vinculados ao progresso impede sua constituição em totalidade sintética. Como foi mencionado, as referências à urbanização não se fazem ao longo da obra como solo onde floresceria a vida da personagem, mas se aglomeram em pontos isolados, sobretudo nos capítulos de início e fim. Como também a personagem emblematiza a cidade, esta se deixa contaminar por aquela. De modo que a linha do progresso, que deveria ascender do inferior ao superior, ao contrário assume a característica da curva biológica que leva da juventude à decrepitude: tornado enfim metrópole, o subúrbio aparece na solidão de cidade abandonada. Contrariando a concepção de um *continuum* direcionado ao superior, o progresso assimila as características da história do corpo, inscrito no tempo da paulatina degeneração. O subúrbio – cujo desenvolvimento tende para a transformação em metrópole, como estágio supostamente mais alto –sucumbe no momento do "fim da construção" em que, erigido o viaduto, o povo debanda. Chegado o fim, aponta-se para o recomeço cíclico. Lucrécia escapa para outra cidade em situação quase idêntica à do início: à caça de marido.

Contrariamente aos elementos do progresso, confinados a pontos isolados, as imagens vinculadas à natureza constituem o próprio ar que respira a realidade ficcional: o fogo, na forma da luz – condição mesma da visibilidade – que dá corpo ao trabalho descritivo. A água, elemento não manifesto senão no capítulo 10, cuja existência latente é, entretanto, importante do ponto de vista alegórico, bastando lembrar as palavras do recitativo de Perseu. O ar, presente tanto nessa forma como nas metáforas que relacionam as personagens a animais alados. E sobretudo, a terra, que responde pela rigidez de caroço – da paisagem, das personagens, da obra.

A simbiose entre natureza e história, entre corpo e espírito, se faz pelo viés da espacialização que privilegia a extensão, o corpo, o visível, a objetividade entendida como o aparecer das coisas no

O ESPAÇO REDESCOBERTO

mundo. Para encarnar e mostrar-se coisa deste mundo, o tempo é exterior mas não abstrato. Não é medida pura brotada do trabalho áspero de uma reflexão sem corpo. É, ao contrário, parente do vento e ambos companheiros de Lucrécia na caminhada até a Cancela: "e de repente o tempo correu com a brisa sobre o campo... o tempo corria e pareceu a Lucrécia que a casa defronte era indubitavelmente alta..." (p. 42).

A salvo da destruição

No Barroco, diz Hübscher, "a natureza é apenas um caminho pelo qual é possível escapar do tempo" sendo sua vivência básica a "do tempo que tudo destrói, do caráter efêmero de todas as coisas"[36]. Em Baudelaire também o moderno se manifesta como consciência do tempo de obsolescência rápida e destruição[37]. Da mesma forma, Clarice opera com uma visão da história, referida como história do corpo, como o tempo da implacável destruição. Por esse motivo, a obra tenta ser a amplificação do instante que se arrancou das garras da morte, daí o sítio que retém o tempo, espacializando-o. A captura da personagem e da cidade num tempo suspenso faz Lucrécia aparecer "como o próprio subúrbio, animada por um acontecimento que não se desencadeava" (p. 32). E do ponto de vista da totalidade da obra, a captura se deixa ver em duas cenas, uma que abre o livro, outra que o encerra.

Logo nas primeiras páginas, o povo que comemora o padroeiro admira empolgado a magia da fogueira, ponto focal de um movimento centrípeto que atrai a multidão para a luz:

36. *Apud* Benjamin, pp. 114-115.
37. Jeanne Marie Gagnebin, "Baudelaire, Benjamin e o Moderno", *Folha de S.Paulo,* Suplemento Letras, 7.10.1989.

A população acorrera para celebrar o subúrbio e seu santo, e no escuro o pátio da igreja resplandecia. [...] Sonolentas, obstinadas, as pessoas se empurravam com os cotovelos até fazerem parte do círculo silencioso que se formara em torno das chamas./ Uma vez junto do fogo, paravam e espiavam avermelhadas (pp. 9 e 10).

Lucrécia e Felipe são levados pela massa:

De novo arrastada por Felipe, ambos agora seguiam uma direção desconhecida através do povo, empurrando, tateando. Lucrécia sorria com satisfação. Seu rosto queria avançar mas o corpo mal pôde mover-se porque a festa repentinamente se comprimira, perpassada por uma contração inicial longínqua (p. 10).

Findo o espetáculo, última página do livro, Lucrécia e o povo se põem em debandada centrífuga. É agora somente que, levantado o sítio, começa a *história*, para além dos marcos da obra:

Mas ela... abandonaria a cidade mercantil que o desmesurado orgulho de seu destino erguera. [...] Fora levantado o sítio de S. Geraldo./ Daí em diante ele teria uma história que não interessaria mais a ninguém... [...] Seu sistema de defesa, agora inútil, mantinha-se de pé ao sol, em monumento histórico. Os habitantes o haviam desertado ou dele desertado seus espíritos. [...]... os últimos cavalos já haviam emigrado.../ A viúva mal tinha tempo de arrumar a trouxa e escapar (p. 174).

A extensão da obra aparece, assim, como um instante arrancado do fluir temporal, preso entre dois movimentos opostos e complementares, centrípeto e centrífugo, incrustrado no não-tempo do sítio. Algo semelhante ocorre em *O Lustre*, que configura um fluxo temporal que tudo arrasta, do qual se extrai um átimo vital: Virgínia "seria fluida durante toda a vida. Porém o que dominara seus contornos e os atraíra a um centro, o que a iluminara contra o mundo e lhe dera íntimo poder fora o segredo". Represando a

138

dispersão da consciência, o segredo é a morte como limite e continente da vida. A alusão, na primeira cena, ao afogado – cujo chapéu luta contra a correnteza do rio – antecipa a morte de Virgínia ao final, também emblematizada pelo "chapéu de palha marrom amassado". O tempo suspenso, da vigência da realidade ficcional, concretiza-se pela imagem da menina em pé sobre a ponte que a mantém suspensa – com o irmão – acima da correnteza do rio da morte, do qual é provisoriamente salva: "Os dois se debruçavam sobre a ponte frágil e Virgínia sentia os pés nus vacilarem de insegurança como se estivessem soltos sobre o redemoinho calmo das águas". Até que, no final do livro, o destino a devolve ao "movimento irresistível que não se poderia mais conter", o leito da rua-rio onde morre atropelada[38].

Entretanto, o átimo de não-tempo – que quer ser o tempo inaugural do olhar intenso, revelador da coisa em sua novidade absoluta – não faz senão construir ruínas, destruição e construção sendo direito e avesso inseparáveis. Antes de ser capturada pelo olhar de Lucrécia

> [..] a cidade estava intacta. E bastaria começar a olhar para parti-la em mil pedaços que não saberia juntar depois./ Era uma paciência de construir e de demolir e de construir de novo e de saber que poderia morrer um dia exatamente quando demolira em vias de erguer (p. 61).

E o trabalho construtivo-destrutivo da personagem nada mais é do que espelho daquele pelo qual a narradora constrói uma totalidade como conjunto de fragmentos, como se viu a propósito da natureza dos capítulos e como se verá novamente adiante.

Em *A Cidade Sitiada*, há um puro presente – o da percepção visual – que aparece como arrancado do fluir do tempo da des-

---

38. *O Lustre*, pp. 7, 238, 7 e 236, respectivamente.

truição. A ironia é que o próprio instante ficcional acaba mimetizando o processo destrutivo do tempo que flui. O sentido inaugural imperceptivelmente vira chavão: a capacidade de visão tautológica desnudadora da Lucrécia solteira dará lugar às falas estereotipadas da mulher, vivendo o casamento de aparato. Para Baudelaire, a busca do novo – escopo da arte verdadeira – não significa que ele seja uma substância a ser procurada nas coisas, uma vez que estas estão sujeitas ao processo de vertiginosa destruição. O novo está numa "certa qualidade do olhar, própria do artista", dependendo "muito mais da intensidade do olhar que da pretensa novidade das coisas observadas"[39].

Pois é o átimo de novidade e intensidade do olhar que *A Cidade Sitiada* se esforça por agarrar, antes que o tempo o banalize. Nada há de novo nos móveis e objetos de adorno de uma sala de visitas. Nem nos utensílios de cozinha que uma moça tem sob sua mira enquanto lava pratos. Mas envolvendo coisas tão comuns com seu olhar de mulher pouco inteligente e mesmo "de algum modo estúpida" (p. 86), – olhar semelhante àquele, curioso e intenso das crianças, que Baudelaire considera próprio do artista – Lucrécia ensaboa, esfrega e dá polimento ao mundo, para dele retirar a crosta do hábito que o impede de rebrilhar. Mas faz isso, por um átimo... antes da recristalização.

O espaço redescoberto

Já se viu como no drama barroco o espaço ganha privilégio. E como, segundo Lefebvre, o mesmo volta a ocorrer neste século. O fulcro da reflexão de Lefebvre, entretanto, é constituído pelos aspectos mais gerais da configuração cultural do período. Fechando o

39. "Baudelaire, Benjamin e o Moderno."

O ESPAÇO REDESCOBERTO

foco de atenção para o campo das artes e sobretudo da literatura, reencontramos o papel eminente do espaço e mesmo o modo como, no dizer de Joseph Frank, a espacialização timbra a literatura moderna[40]. E isto se verificaria, segundo ele, tanto na poesia – Pound, Eliot ou Mallarmé – quanto na prosa de Flaubert, Joyce ou Proust.

A famosa cena do comício agrícola em *Madame Bovary* permite ao ensaísta mostrar alguns procedimentos de espacialização nesse romance: interrompida a progressão linear dos acontecimentos, a atenção se volta para o jogo de relações internas a um espaço temporal fixado. Em seguida se mostra que Joyce utiliza "em escala gigantesca" o procedimento de Flaubert, baseado sobretudo no efeito de simultaneidade: o vaivém de diferentes ações, decorrendo ao mesmo tempo. Em *A Cidade Sitiada*, não é pela simultaneidade que se espacializa a narrativa mas, como se viu, por outros procedimentos: negação da cronologia e da narratividade, assimilação da personagem ao espaço, descrição maciça obstaculizando a seqüência etc.

Uma questão fundamental discutida no ensaio de Frank é a importância do espaço no romance proustiano. O romancista da busca do tempo perdido "descobrira que era necessário, para sentir o escoamento do tempo, manter-se acima dele e apreender o passado e o presente num momento de *tempo puro*, para retomar sua expressão. Mas é evidente que o *tempo puro* não é tempo – é percepção de um momento do tempo, isto é, espaço. Pela representação descontínua do personagem, Proust força o leitor a justapor no espaço, num instante dado, imagens disparatadas". Frank cita algumas observações sobre Proust e Bergson, feitas por Ramon Fernandes, para quem a ênfase usualmente posta no tempo proustiano obscurece o fato de que esse tempo tem "o valor e as particula-

40. Joseph Frank, "La forme espaciale dans la littérature moderne", *Poétique* n. 10, Paris, Seuil, 1972, p. 247.

ridades do espaço", de modo que "os diferentes fragmentos de tempo se excluem reciprocamente e permanecem estranhos uns aos outros". Fernandes diz ainda que

[...] se o método utilizado por Proust para estabelecer o contato com sua duração é perfeitamente bergsoniano (isto é, se ele provém da interpenetração do passado e do presente), o modo pelo qual sua inteligência reage sobre sua sensibilidade, que determina o itinerário de sua obra, preferencialmente o orientaria na direção de uma espacialização do tempo e da memória[41].

Da mesma forma, como se pode ver no início deste capítulo, a crítica parece incorrer, sobretudo no que se refere aos romances iniciais de Clarice, numa supervalorização do tempo, em detrimento de uma reflexão mais consistente sobre o espaço. Já se mencionou que *Perto do Coração Selvagem* destaca o tempo da *durée*. Mas se viu também a importância da vivência do corpo na gênese da Joana-artista. Com relação a esse romance, no entanto, *A Cidade Sitiada* dá um passo além na direção de uma experiência diversa da corporeidade, agora não mais somente fonte de sensações, mas realidade visível posta em primeiro plano. Experiência que passa pela conformação dos vários planos da realidade ficcional à coordenada espacial como condição de possibilidade de trazer para a frente da cena o *avesso*: o mundo, o corpo, a coisa.

———◆———

41. *Idem*, p. 256. A tradução é minha.

4

Videntes e Visíveis

Ver as coisas é que eram as coisas.
A Cidade Sitiada

Pelas ruas da cidade
uma mulher quer olhar[1]

O capítulo precedente mostrou que a realidade ficcional de *A Cidade Sitiada* aparece suspensa num tempo espacializado – o da visibilidade –, graças ao assédio do olhar narrativo que de início

---

1. O subtítulo é retomada, com ligeira modificação, do título do ensaio de Lígia Chiappini M. Leite, "Pelas Ruas da Cidade uma Mulher Precisa Andar: Leitura de Clarice Lispector", *Literatura e Sociedade,* Revista do Departamento de Teoria Literatura e Literatura Comparada da FFLCH-USP, São Paulo, 1996, n. 1. Interessada em procurar os antecedentes da mulher pobre de *A Hora da Estrela,* a autora puxa o fio da discussão implícita na expressão de Gilda de Mello e Souza referente ao "olhar míope" de Clarice. Se Gilda credita esse olhar à situação concreta da mulher, confinada ao espaço doméstico e suas minúcias; Lígia quer ver o que acontece quando em Clarice, uma mulher como Macabéa se aventura pelo espaço exterior da cidade. A retomada é proposital: sugere que a aventura feminina pelo espaço urbano, se já fora iniciada em *O Lustre,* toma feição clara em *A Cidade Sitiada.*

comprime a população em torno da fogueira da festa e a mantém sob a mira até a debandada final. E também que as personagens se espacializam, pois o que se destaca delas é sua exterioridade visível. Nos romances anteriores, sobretudo em *Perto do Coração Selvagem*, o narrador enquanto *espírito ficcional* preenchia com seu sopro de vida o interior da personagem, com a qual se identificava. Em *A Cidade Sitiada*, esse espírito se distancia e exterioriza, tanto em relação à obra enquanto corpo verbal (através do narrador não-dramatizado), como em relação às personagens[2].

O vínculo especular entre Efigênia – corpo e efígie[3] – e a voz narrativa, enquanto espírito, permite perceber mais claramente esse processo. Em Efigênia, corpo e espírito são realidades exteriores: seu corpo "servira-lhe apenas de sinal para poder ser vista; seu espírito, ela o via na planície" (p. 24). "Sinto na minha carne uma lei que contradiz a lei do meu espírito" – eis a fala produzida por um corpo, o de Efigênia, que não sabe o que diz. Ausentada de si, ela reza, repetindo inconscientemente palavras decoradas durante a orfandade no convento. Para significar, a frase depende de um

---

2. Benedito Nunes contrapõe os dois primeiros romances de Clarice, em que o narrador está próximo da consciência enquanto centro mimético, a *A Cidade Sitiada* onde, ao contrário, "a narradora se distancia da heroína e, descomprometida com as suas vivências, empresta-lhe aos gestos e atitudes algo de maquinal...". *O Drama da Linguagem*, p. 34.

3. Olga de Sá vê no nome "Efigênia" uma referência ao da heroína grega sacrificada a Ártemis. *Clarice Lispector: A Travessia do Oposto*, p. 42. O *Dicionário Oxford de Literatura Clássica – Grega e Latina* (Rio de Janeiro, Jorge Zahar, 1987, compilado por Sir Paul Harvey, trad. Mário da Gama Kury, p. 284) registra, entretanto, o nome "Ifigênia"; e resume os sucessos da vida da filha de Agamêmnon e Clitemnestra, sucessos que não parecem autorizar a aproximação com a Efigênia de Clarice. Penso que a ligação mais coerente seja entre "Efigênia" e "efígie", palavra que recupera as idéias de *emblema* e *estátua*, tão importantes na obra.

VIDENTES E VISÍVEIS

espírito, o da narradora, que lhe forneça o sentido: "O que era sua carne, nunca soubera; neste momento era uma forma ajoelhada. O que era o seu espírito, ela ignorava. Talvez fosse a luz mal erguida da madrugada sobre os trilhos" (p. 24). O espírito de Efigênia é, pois, parte da realidade corporal das coisas visíveis, forma e luz. Do mesmo modo, o espírito da narradora, enquanto energia produtiva ficcional, está também exteriorizado, na medida em que se põe pelo lado de fora da obra. Mas assim como em Efigênia a contradição entre corpo e espírito se dissolve por serem ambos partícipes do mesmo plano de realidade exterior; do mesmo modo a narradora – *espírito* exteriorizado – produz um corpo ficcional também exterior porque se dá como espaço de visibilidade. E se ambos, corpo e espírito, são exteriores um ao outro – tanto em Efigênia como na narradora e sua obra – apaga-se a dicotomia entre exterior e interior, restando soberano o real enquanto visível. Pois o desejo sempre renovado de narradora e personagens é exatamente: ver. Das mais diversas maneiras.

Descortinando: o êxtase epifânico de Lucrécia faz aparecer o espaço mais amplo, o da orbe. Visão que se faz tanto do lugar mais baixo, o riacho:

A moça estava de pé, constante, com sua paciente existência de falcão. Tudo estava incomparável. A cidade era uma manifestação. E no limiar claro da noite eis que o mundo era a orbe (p. 49).

Como do ponto mais alto, a colina na ilha, de onde se abarcam terra e céu, a harmonia cósmica:

De pé, como no único ponto de onde se poderia ter essa visão, Lucrécia olhava a escuridão da terra e do céu. Esse movimento infinitamente esférico, harmonioso e grande: o mundo era redondo... Nua, coberta de culpa como de perdão – e era daí que o mundo se tornava o limiar de um salto. O mundo era a orbe (p. 150).

145

E partindo desses planos mais amplos, por um movimento de oclusão, chega-se a espaços cada vez mais restritos: a rua, a casa, os cômodos, a sala de visita, o jarro, a flor.

Movendo-se: apanhando a cidade em vários sentidos, do centro à periferia (praça e cancela), de cima a baixo (morro e parque). Ou imóvel, o olhar insistente agarrado ao retrato de Perseu Maria à janela. Olhando diretamente: no início do capítulo 1, a narradora vê, *com seus próprios olhos*, a população comprimir-se em torno das chamas. Ou indiretamente, através dos habitantes de S. Geraldo:

> Da janela mais alta do convento, no domingo – depois de atravessar o centro, a Cancela e a zona da ferrovia – as pessoas se debruçavam e adivinhavam-na através do crepúsculo: lá... lá estava o subúrbio estendido. E o que elas viam era o pensamento que elas nunca poderiam pensar (p. 20).

Ou através de Efigênia, que passeava seu "olhar com ócio e certo desespero pelos arredores ensolarados" (p. 27). Ou de Perseu e Lucrécia, de cujo modo de ver voltarei a falar mais detidamente.

A esse olhar, pessoas e coisas se oferecem, exteriorizadas, como pura visibilidade.

> A população acorrera para celebrar o subúrbio e seu santo, e no escuro o pátio da igreja resplandecia. Misturando-se à pólvora queimada a groselha erguia os rostos em náusea e ofuscamento. As caras ora apareciam, ora desapareciam. Lucrécia achou-se tão perto de uma face que esta lhe riu. Era difícil perceber que ria para alguém perdido na sombra (p. 9).

E mais adiante:

> As flamas apuravam os gestos, as enormes cabeças se mexiam mecânicas, suaves. Alguns componentes da procissão da tarde, ainda com as roupas sedosas e justas, misturavam-se aos espectadores. Coroada de papelão uma menina insone sacudia os cachos... Sob o chapéu o rosto mal iluminado de Lucrécia ora se tornava delicado, ora monstruoso (p.10).

VIDENTES E VISÍVEIS

O grotesco regenerador

Uma das conseqüências dessa visão que se exterioriza é que a
gestualidade da multidão em festa aparece por movimentos bruscos e cortados, as pessoas regulando-se mais pelo automatismo de
objetos ou de humanos entregues à vida onírica:

> Mas *de súbito* o fogo de artifício subiu e *espocou* entre as badaladas. A
> multidão, tocada do *sono rápido* em que sucumbira, *moveu-se bruscamen-
> te* e de novo *rebentaram* gritos no carrosel (p. 9, grifos meus).

> [...] as enormes cabeças *se mexiam mecânicas*, suaves. [...] ...a festa
> *repentinamente se comprimira*, perpassada por uma *contração* inicial lon-
> gínqua. [...] *De súbito*, acharam-se fora da festa. [...] ...aqueles cujas costas já
> davam para o vazio *lutavam sonâmbulos* para entrar (p. 10, grifos meus).

> A torre do relógio ainda *estremecia*. [...] Também Felipe *estacara*
> aliviado... [...] As janelas *estremeceram* ao relincho (p. 11, grifos meus).

Esse modo peculiar de caracterização depende não só dos traços realçados mas também da distância da visão criadora. Distância
capaz de a tal ponto deformar Lucrécia e Perseu que "se alguém os
visse de longe enxergaria um saltimbanco e um rei" (p. 40); distância
que, ademais, responde pelo tom irônico que freqüenta a obra.

Ressalve-se que salientar nas pessoas a ausência de interioridade reflexiva, a aparência mecânica, o automatismo que as equi-
para às coisas não autoriza a pensar em reificação. Ao contrário,
penso que se deve dar crédito ao que Clarice diz através de Angela
Pralini, em *Um Sopro de Vida*: "Quando falo em coisas não estou
coisificando a vida, e sim humanizando o que é inerte"[4]. Em *A
Cidade Sitiada*, o entrelaçamento pelo qual as pessoas se coisificam

4. *Um Sopro de Vida*, p. 142.

1 4 7

na mesma medida em que objetos e seres não-humanos se humanizam, ou que o inanimado se anima e vice-versa, configura a situação de busca do apagamento da dicotomia entre sujeito e objeto da visão, em favor de um olhar que capte o visível a partir de sua realidade própria. Lucrécia, por exemplo, "para tentar saber de uma praça fazia esforço para não sobrevoá-la", pois "gostava de ficar na própria coisa..." (p. 88).

Mas tal tentativa implica tornar-se coisa entre coisas. Ou, usando o conceito de Merleau-Ponty – que ajuda a evitar o eventual equívoco do termo "coisa" – tornar-se um visível entre visíveis. Pois, diz o filósofo, "...quem vê não pode possuir o visível a não ser que seja por ele possuído, que *seja dele*, que, por princípio...seja um dos visíveis, capaz, graças a uma reviravolta singular, de vê-los, ele que é um deles"[5]. É assim que Lucrécia vê os bibelôs da sala, olhando

[...] com brutalidade essas coisas feitas das próprias coisas, falsamente domesticáveis... [...] Conservando-se sobre as prateleiras ou mantendo-se indiferentemente no chão ou no teto – impessoais e orgulhosas como um galo.

Somente então

[...] ela própria independente, enxergou-as. Tão anonimamente que o jogo poderia ser permutado sem prejuízo, e ser ela a coisa vista pelos objetos./ Não fora em vão que se expusera tantas vezes no morro do pasto à espera de sua vez (p. 93).

Em *A Cidade Sitiada*, a concepção de um corpo que adere à matéria das coisas, que se revela ele também matéria e coisa, para que o ver se faça como produto corporal, tal concepção vincula-se à caracterização grotesca das personagens. O conhecido estudo de Wolfgang Kayser mostra que tanto as imagens do corpo

5.   *O Visível e o Invisível*, p. 131.

fraturado como as do rosto tornado máscara são comuns na literatura grotesca[6]. Na mencionada cena da multidão que se aglomera no pátio da igreja, durante a festa do padroeiro, é a fratura corporal – destacando rostos e caras como se fossem máscaras – que comanda o aparecimento das pessoas: "Misturando-se à pólvora queimada a groselha erguia os rostos em náusea e ofuscamento. As caras ora apareciam, ora desapareciam". E assim em todo o trecho citado.

No capítulo 10, o farol da ilha, ao incidir sobre Lucrécia, mostra "a *cara* ignorada da luxúria", sendo em seguida explicitado que a fratura corporal – que aqui constitui o modo de aparecer do prazer sensual – enfatiza no corpo sexuado outra fratura, que o isola da vida do espírito: "revia os salões de baile imobilizados na luz, e as pessoas horrorizadas dançando paradas, *a realidade autômata e o prazer*" (p. 138, grifos meus). Adiante, a imagem da autonomia do corpo procurando na fusão com outro sua destinação própria, ressurge na pertinência animalesca da mulher ao homem:

[...] sem esperar recompensa ela era daquela *cabeça* resignada de bicho, e desse outro animal esperaria sem curiosidade a ordem de seguir ou parar, arrastando-se suada, resistindo como podia. Para de noite erguer a *cabeça* ao lado da *cabeça* do animal... (p. 143, grifos meus).

É também o grotesco que, além de fraturar, funde realidades tidas como distintas. Então se vê a Lucrécia cavalo, flor e estátua. Vê-se o Perseu pássaro. Vê-se a Efigênia – estátua e efígie –, com seu olhar que "não vinha dos olhos mas da cara de pedra", com "sua dureza de jóia" (pp. 24-25). Grotesca, além de aparentada com o fantástico e o surreal, é também a atmosfera onírica que envolve a grande maioria das cenas. O sonambulismo das personagens é da mesma natureza que seus gestos mecânicos: inscreve-as em planos insólitos de realidade, assemelhando-as, assim, mais

6. *Lo Grotesco – Su Configuración en Pintura y Literatura*, pp. 150 e 223-224.

a objetos – às coisas – do que a sujeitos entendidos como consciências reflexivas ou instâncias racionalizadoras.

Na ficção de Clarice, como se sabe, é freqüente a caracterização grotesca. No caso de *A Cidade Sitiada*, o vínculo com o surrealismo, desde cedo apontado por João Gaspar Simões[7], lembra sua pertinência à esfera do grotesco. Para compreender-lhe o sentido é preciso, porém, ter em mente o modo como ele se reatualiza em algumas das obras da autora. Já se viu que em *Perto do Coração Selvagem*, os seios grotescamente hiperbolizados da tia de Joana remetem ao mesmo tempo para o túmulo e para o ventre que parteja. A barata de G.H. é túmulo – local onde a vida da linguagem se extingue – mas seu corpo fendido é também o ventre/seio que faz vir à luz a matéria nutritiva da experiência verbal. *A Cidade Sitiada* figura uma situação geral de paralisia, simbolizada principalmente pelo estado de sítio. Entretanto, não se trata da paralisia do estágio terminal. Mas do que se encontra em compasso de espera: aquilo que, semelhantemente aos caroços que Perseu cospe, é vida em embrião. O mesmo que – como se verá adiante – ocorre em "O Ovo e a Galinha", com o olho que, para dar à luz o ovo-verbo, deve manter provisoriamente morto o *ovo-carne*, a clara e a gema que nutrem. Pois se a morte em Clarice é a violenta pulsão a pôr em risco cada átimo da existência que a linguagem garante, seguramente isso se dá na proporção direta da força de criação e regeneração que tem sua escritura.

Ora, na visão de Bakhtin, outro estudioso do grotesco, essa forma mimética – tal como se atualiza a partir do pré-Romantismo e posteriormente no expressionismo e surrealismo – diferentemente do cômico popular, converte-se em visão de mundo subjetiva e individual. Em decorrência, o riso regenerador do grotesco popular é atenuado nas formas do humor, ironia ou sarcasmo. A universalidade dá lugar à consciência aguda do isolamento. A liberação

---

7.   Conferir o capítulo referente à fortuna crítica da obra.

VIDENTES E VISÍVEIS

provocada pelo riso cede o passo ao medo, num mundo dominado por forças estranhas[8].

Sem dúvida, Clarice figura situações de vida pequeno-burguesas tratadas com freqüência de modo irônico, do qual o riso franco passa longe. Sua visão se enraiza numa subjetividade que, mesmo aspirando fortemente à fusão com o mundo, é também consciência individual. E o medo, bem como o sofrimento, são constitutivos de sua singular experiência de conhecimento. Mas nem por isso deixa ela de buscar a aproximação entre o mundo e o homem e sua reintegração na vida corporal. E não – como diz Bakhtin que ocorre a partir do Romantismo – de forma totalmente abstrata e espiritual. Ao contrário, as muitas *paixões* e *via-crucis* claricianas não significam que o sofrimento e o medo sejam sentimentos de uma individualidade fechada a um mundo sentido como hostil. Mas é o modo mesmo pelo qual essa individualidadede, abrindo-se em travessia agônica em direção ao mundo, transmuta-se em mundo ela também, momentaneamente anulando-se enquanto indivíduo.

Sua escritura, que enfatiza a subjetividade – tal como aparece nas freqüentes incursões pela consciência das personagens –, paradoxalmente se assenta na necessidade de romper os limites de um certo tipo de experiência da subjetividade para recriá-la numa forma diversa, em que o outro não é entidade independente, justaposta a um eu acabado, mas o outro lado de um eu em devir. Nessa linha de reflexão, talvez se pudesse pensar que se a concepção de sujeito vigente na cultura popular da época de Rabelais, a que se refere Bakhtin, não é ainda aquela que a modernidade engendrou a partir do *cogito* cartesiano, o sujeito clariciano não o é mais[9]. Se, de fato,

8. *A Cultura Popular na Idade Média e no Renascimento: O Contexto de François Rabelais.* Ver principalmente o capítulo introdutório, pp. 1-50.

9. Aqui novamente remeto ao citado ensaio de Marilena Chauí, "A Destruição da Subjetividade na Filosofia Contemporânea".

assim for, ficará mais fácil compreender a função do grotesco em Clarice como modo privilegiado de reaproximação com a realidade terrena, como meio de insuflar um novo sopro de vida às coisas. Parece ser esse, aliás, um dos sentidos das freqüentes inversões paródicas em sua Obra.

Em *A Cidade Sitiada*, um motivo fundamental explica a caracterização grotesca. Aqui se ensaia trazer a coisa – objeto, mundo e corpo – para o primeiro plano da cena, enquanto nos dois primeiros romances esse aspecto ficava mais para o pano de fundo. E isso é de conseqüência para o trabalho posterior da ficcionista. Na cara grotesca de Lucrécia – em cuja basta cabeleira "pousava o chapéu fantástico", cujos olhos se fechavam e abriam enquanto ela abria "desmesuradamente a boca para espiar os dentes: e por um instante raro viu-se de língua vermelha, numa aparição de beleza e horror calmo". Na cara-máscara com que se "disfarçava" para os namorados, procurando acentuar "o que havia de rígido num rosto" (pp. 32-33). Nessa cara grotesca começa a se engendrar a grotesca cara-máscara da barata, que "era apenas a sua própria máscara"[10]. Cujos olhos, em perfeita reversão do alto no baixo regenerador, eram "dois ovários neutros e férteis"[11]. Na cara fecunda de Lucrécia, começa a se partejar a "cara toda deformada pelo espelho ordinário, o nariz tornado enorme como o de um palhaço de nariz de papelão"[12] da nordestina-barata, vista ambiguamente pelo namorado rude como uma "mulher barata", pois lhe havia custado bem pouco, não mais do que "um cafezinho"[13].

10. *A Paixão Segundo G.H.*, p. 75.
11. *Idem*, p. 59.
12. *A Hora da Estrela*, p. 32.
13. *Idem*, p. 64.

O grotesco de *A Cidade Sitiada* é o modo de figurar o corpo aberto ao mundo, capaz de engendrar continuamente. Não entretanto o engendramento em sentido estrito e usual: Lucrécia, casada, não terá filhos. Mas aquele realizado pelo corpo da escritura. É ele que faz proliferar as imagens de Lucrécia engendrando com o seu, o corpo de uma estátua, uma flor ou um cavalo. E assim procriando, para além da obra, tantas baratas e nordestinas. É no plano da escritura que se inscreve o olhar que, tornando totalmente estranho o visto, regenera-o. Basta pensar nas distâncias e pontos de vista os mais inusitados que freqüentam a obra. Por exemplo, a busca de efeito de distância absoluta pelo deslocamento do olhar para o lugar do outro, fazendo Lucrécia e Perseu aparecerem grotescamente como figuras de mascarada:

[...] o rei sorria e era belo, o saltimbanco se esforçava em caretas de graça: havia um descontrole mecânico no caminhar de ambos – eram uma só pessoa com uma perna curta e outra comprida, a beleza do rapaz e o horror, a flor e o inseto, uma perna curta e outra comprida subindo, descendo, subindo [...] – e assim *os outros* viam (p. 42, grifo meu).

Perseu Maria e a Medusa

Mencionou-se já em nota a afirmação de Benedito Nunes relativa à distância entre a narradora e sua heroína. Se esse é, de fato, o modo dominante de narrar da obra, parece, no entanto, problemático dizer, como faz o crítico, que a narradora não se compromete com as vivências da personagem. Ao contrário, como se verá depois, a experiência visual da primeira busca referência na da segunda. Mas primeiro é preciso analisar o modo dominante de relação narrador-personagem, do qual o capítulo 2, que retrata Perseu, é exemplo claro.

Enquanto o Perseu mítico busca a Górgona, encerrada nos confins da Terra, em *A Cidade Sitiada* o olho de uma narradoramedusa percorre o espaço e, localizando Perseu Maria, petrifica-o no alto de um sobrado. A operação paródica [14] de inversão transgressiva do mito tem o cuidado de anular no novo Perseu aquilo que garantiu a vitória ao primeiro: o poder da visão reflexiva, habilidade de ver através do bronze polido do escudo. São repostas mas ironicamente esvaziadas de sentido as características do herói [15]: "Heróico e vazio, o cidadão continuou de pé junto da janela aberta. [...] Cego e glorioso – era isso apenas o que se podia saber dele, vendo-o à janela de um segundo andar" (p. 27). Atributo recorrente de Perseu Maria, a cegueira rediz a subversão da narrativa mítica. Pois aí tanto o herói como a górgona são sujeitos de um olhar mortífero. O dele, auxiliado pelo uso dos instrumentos adequados; o dela, inscrito na natureza de seu corpo. No fim, a astúcia leva a melhor e erige o herói. Em *A Cidade Sitiada*, ao contrário, a medusa vence, fazendo de Perseu um monolito inscrito no plano da natureza.

Mais do que Lucrécia – cuja vacuidade inicial aos poucos dá lugar a um esboço de interioridade, atingindo um grau de profundidade relativa máxima no capítulo 10 –, o Perseu que aparece no capítulo 2 é burilado como bloco único. Parente das coisas, é corpo grotesco partícipe de esferas heterogêneas de realidade: como mineral, esse "*pedreiro* cego" é estático: "...o cidadão continuou *de pé* junto da janela aberta", "...*de pé* diante da janela aber-

14. O termo "paródia" é aqui empregado no sentido de "canto paralelo", o mesmo a que recorre Olga de Sá em *Clarice Lispector: A Travessia do Oposto*, como se mencionou no capítulo sobre a fortuna crítica de *A Cidade Sitiada*.

15. Num dos fragmentos do "Fundo de Gaveta", cujo título é "Sem Heroísmo", Clarice problematiza a existência do herói: "Mesmo em Camus – esse amor pelo heroísmo. Então não há outro modo? Não, mesmo compreender já é heroísmo. Então um homem não pode simplesmente abrir uma porta e olhar?" em *A Legião Estrangeira*, p. 145. Perseu é exemplo ilustre do homem que pode simplesmente abrir uma porta e olhar.

VIDENTES E VISÍVEIS

ta", "...ele estava *imóvel* diante de uma janela" (grifos meus). Como animal, a leveza do pássaro de "grandes asas imóveis" que num dado momento "empoleirou-se no parapeito da janela" (p. 28). A plenitude da pedra com que se constrói o cidadão-estátua ecoa paradoxalmente em seu ser "heróico e vazio". A configuração do capítulo que o retrata evidencia, como foi dito, o modo dominante de narrar de *A Cidade Sitiada*. Visto pela medusa, Perseu torna-a visível.

A alternância entre duas vozes distintas – a da narradora descrevendo ou comentando Perseu; a deste, decorando um trecho de livro – dá ao capítulo a feição de um discurso sistematicamente fragmentado. O mesmo ocorre com o recitativo de Perseu, ele também interiormente feito para e de fraturas. Nos exemplos a seguir, sublinho as falas da personagem, para salientar a alternância com as da narradora:

> *"Os animais pelágicos se reproduzem com profusão"*, disse com oca luminosidade. Cego e glorioso – era isso apenas o que se podia saber dele, vendo-o à janela de um segundo andar. Mas se ninguém conseguiria sondar sua harmonia — também ele parecia não sentir mais do que ela. Porque este era seu grau de luz. *"Os animais e vegetais marinhos com profusão"*, disse sem ímpeto mas sem freio porque este era o seu grau de luz. Não importa que na luz ele fosse tão cego como os outros na escuridão. A diferença é que ele estava na luz. *"Flutuantes"*, falou (p. 27).

Mais adiante, Perseu observa Efigênia que, carregando uma cesta pesada, pára e em seguida retoma a caminhada penosa:

> Afinal ela estacou outra vez – mas Perseu era paciente. *"Os animais"*, disse ele. A mulher retomou a cesta. *"Se reproduzem com extraordinária profusão"*, disse Perseu. Decorar era bonito. Enquanto se decorava não se refletia, o vasto pensamento era o corpo existindo – sua concretização era luminosa: ele estava imóvel diante de uma janela. *"Se alimentam de*

155

CLARICE LISPECTOR: UMA POÉTICA DO OLHAR

microvegetais fundamentais, de inusórios etc."/ "Etc.!" repetiu brilhante, indomável (p. 28).

Apesar de longa, a citação acima é importante porque permite perceber que o discurso se elabora contrapontisticamente. Pois, excetuadas as frases que contêm os verbos *dicendi*, as falas têm autonomia relativa: a descrição da narradora independe do recitativo de Perseu; este não acrescenta nada àquela, nem sequer se refere ao mesmo assunto. A narradora entretanto atua demiurgicamente: conhece e comenta a existência da personagem e sua fala, sem que a recíproca ocorra. Além disso, trata-se de um demiurgo irônico: "Havia mesmo algumas anedotas sobre a lentidão de inteligência dos homens de S. Geraldo, enquanto as mulheres eram tão espirituosas!" (p. 28)[16]. Aqui cabe entretanto a seguinte observação.

Do ponto de vista de Perseu, que não o compreende, o recitativo forma um bloco monolítico – como a própria personagem – não articulável mas fraturável. Das sucessivas recomposições resultam conjuntos aos quais sempre falta alguma peça, ficando irrealizado o sentido pela perda da totalidade: "Os animais e vegetais marinhos", "Flutuantes", "Os animais", "Se reproduzem com extraordinária profusão", "Etc.". Até que o acaso das sucessivas remontagens realize o milagre do ajuste entre as palavras de Perseu e da narradora, brotando daí uma significação possível, inesperada:

Havia mesmo algumas anedotas sobre a lentidão de inteligência dos homens de S. Geraldo, enquanto as mulheres eram tão espirituosas! "Se

16. Anteriormente já aparecera relação semelhante entre a narradora e Efigênia. Clarice retomará o esquema contrapontístico em *Um Sopro de Vida* fazendo o narrador comentar a personagem enquanto esta produz sua própria fala desvinculada daquele. Evidentes a essa altura os cruzamentos vários entre suas obras , não é de estranhar que a escritora faça com que seu *alter ego*, Angela Pralini, assuma a autoria de *A Cidade Sitiada*.

VIDENTES E VISÍVEIS

reproduzem com extraordinária profusão!", disse o rapaz de repente fustigado (p. 28).

Fustigado pela ironia da narradora, Perseu retruca fazendo agora a ironia se voltar, em bumerangue, contra a espirituosa narradora: mulheres espirituosas... se reproduzem com extraordinária profusão.

O sentido do recitativo do início do capítulo relaciona-se longinquamente com o seu tema ou o do livro: "Os seres marinhos, quando não tocam o fundo do mar, se adaptam a uma vida flutuante ou pelágica", frase a que se segue outra, que a complementa: "Os animais pelágicos se reproduzem com profusão" (p. 27). O conjunto verbal destaca alguns semas que reaparecerão isolados a seguir: *animal, mar, fundo, flutuante, vida, reprodução, profusão*. A que depois se acrescenta *vegetal*. Tais semas apontam, deslocada e indiretamente, para aspectos importantes da obra. A água, tão relevante na constituição de uma poética clariciana dos elementos, principalmente na forma do mar e da chuva, fica em geral em *A Cidade Sitiada* como que confinada aos espaços subterrâneos de canos e esgotos. Ou aprisionada no exterior da casa, enquanto chove torrencialmente. Ou ao espaço estreito de um só capítulo, "O Milho no Campo". O que permite compreender, de modo indireto, a função do elemento líquido. Pois enquanto o capítulo 10 tematiza a experiência corporal expressa na sexualidade vivida no ambiente insular, úmido; o recitativo de Perseu configura aquela experiência em termos de uma fala produzida inconscientemente por uma personagem que atua sonambulicamente. Nesse sentido, porque se dá em atmosfera de inconsciente e sono, o recitativo remete à realidade arquetípica do *habitat* primário.

Como produto de uma atividade inconsciente, o recitativo se assemelha ao sonho: conjunto simbólico que significa indiretamente, por deslocamento e condensação. E nisso está próximo do capítulo "O Jardim", onde o caráter enigmático da experiência onírica se amplia e aprofunda, evidenciando a natureza alegórica da linguagem – assunto a ser tratado mais detidamente em outro capítulo.

Remetendo ao inconsciente, a água se vincula aos demais semas – *vida, animal, vegetal, fundo, flutuante, reprodução* e *profusão* – subsumindo-os: brotando do *habitat* líquido primeiro, a vida vegetal ou animal se configura, ao mesmo tempo, como verticalidade e horizontalidade, como fundura e flutuação. Mas sobretudo como movimento contínuo e vertiginoso de engendramento cujas leis são as do corpo. Parece que estamos próximos do mar primordial de que fala G.H., aquele cujo *planctum* alimentou os inícios da vida no planeta. As palavras decoradas redizem assim, de modo hieroglífico, o tema nuclear da obra, o engendramento do mundo em termos de experiência corporal. Pois, se "os animais pelágicos se reproduzem com profusão", da mesma forma, Lucrécia – ela também animal pelágico quando se revê nos peixes do Aquário Nacional (p. 110) – reproduz, pela experiência corporal, os cavalos, a estátua pública, a flor, o guarda roupa, a cadeira etc.

A inconsciência da fala decorre da técnica predominante de caracterização, que opera um forte esvaziamento da personagem[17].

---

17. Procedimento semelhante é adotado por Camus ao construir o Mersault, de *O Estrangeiro*. Trata-se de "um falso eu", diz Anatol Rosenfeld, alguém destituído de vida interior, a quem o mundo precisa atribuir uma alma para lhe justificar a condenação."Reflexões sobre o romance moderno", em *Texto/Contexto*, 2ª ed., São Paulo, Perspectiva; Brasília, INL, 1973, p. 94. As personagens vazias de *A Cidade Sitiada* têm, entretanto, sua peculiaridade. Mersault engendra, mesmo sem o saber, uma história feita de relações com outros seres e movida por uma causalidade que vigora para os outros mas não o atinge. No romance de Clarice, à vacuidade dos caracteres se acrescenta a ausência da teia de relações causais, donde serem as personagens fortemente assemelhadas a fantoches. De certa forma, não só estrangeiras a si, mas estrangeiras num mundo estrangeiro. O paradoxo está, no entanto,

Inexiste em Perseu qualquer indício de uma consciência ontologicamente diversa do mundo. Ao contrário, há "a inconsciência do rapaz" relacionada com a ausência de reflexão da qual o recitativo é produto. Como decorrência, o dentro é fora, pois o pensamento é corpo: "Decorar era bonito. Enquanto se decorava não se refletia, o vasto pensamento era o corpo existindo..." (p. 28). Mencionou-se já a tentativa de superação da dicotomia entre sujeito e objeto. Aqui, tal tentativa se faz pela recusa da relação de exterioridade entre corpo e consciência, fazendo-se desta, extensão daquele: a fala de Perseu reproduz o que está "inscrito" (p. 29) num livro-lápide.

Não é casual que, além dele, apareça no capítulo Efigênia – a mais monolítica e vazia de todas as personagens, aquela cujo dom maior é criar visualmente a própria realidade figurada na obra. Como Perseu, sua atividade principal consiste em olhar à distância:

> E assim ele *ficou, observando* com aplicação Efigênia que na rua carregava uma cesta. A mulher *parou* e enquanto *repousava passeou o olhar* com ócio e certo desespero pelos arredores ensolarados... (p. 27, grifos meus).

Como já se viu, Efigênia propõe como contradição a relação entre corpo e espírito: "sinto na minha carne uma lei que contradiz a lei do meu espírito...". Palavras ditas por um corpo carente de consciência reflexiva e comentadas pela narradora que desdiz a personagem ao localizar corpo e espírito no mesmo campo da visibilidade:

> [...] o que era a sua carne, nunca soubera; neste momento era uma forma ajoelhada. O que era o seu espírito, ela ignorava. Talvez fosse a luz mal erguida da madrugada sobre os trilhos. Seu corpo servira-lhe apenas de sinal para poder ser vista; seu espírito, ela o via na planície (p. 24).

em ser esse o caminho escolhido para figurar-lhes uma intimidade com o mundo, que vem do fato de que, feitos do mesmo estofo, pessoas e mundo são um só.

"É segundo o sentido e a estrutura intrínsecos que o mundo sensível é 'mais antigo' que o universo do pensamento", diz Merleau-Ponty[18]. Não casualmente, pois, cabe a Efigênia — a que recusa o progresso, nostálgica dos tempos antigos de que é guardiã — manifestar o espírito como realidade pertinente à esfera do visível, tanto quanto o corpo. Não casualmente também é ela quem inaugura o procedimento, depois retomado por Perseu, de fazer conviverem os produtos do corpo com os do espírito: seu trabalho de partejar o novo dia vem dos olhos, que descortinam a paisagem; mas também da boca que, cuspindo, expulsa a aurora nascitura (p. 25).

Do mesmo modo, embora a atividade de Perseu, tanto quanto a das demais personagens do livro, se organize pela ênfase na experiência visual, seu ritmo se constitui pelo contraponto com a experiência oral, produzindo-se em dois planos: o da recitação, primeiro; em seguida, o da devoração das tangerinas. Cruzam-se então visão e oralidade: depois de comprar as tangerinas e empoleirar-se no parapeito da janela,

[...] em breve *comia* e jogava os caroços no beco sujo. *Olhava* piscando: o caroço dava dois pulos antes de imobilizar-se ao sol. Perseu não o *perdia de vista* apesar da distância e das pessoas que já se entrecruzavam apressadas... (grifos meus).

Cruzamento de que participa a realidade mental, ideativa porém aparentada à experiência do corpo: "Estava na sua natureza poder possuir uma idéia e não saber pensá-la: assim ele a expunha, ofuscado, persistente, jogando os caroços" (p. 28). Comer, olhar... exteriorizar idéias corporalmente, cuspindo caroços de tangerina. Graças ainda ao mesmo cruzamento, tece-se a analogia que constitui uma das imagens-alegoria da obra: os caroços lançados toma-

18. *O Visível e o Invisível*, p. 23.

vam uma "disposição que tinha um sentido flagrante – apenas que incompreensível". Palavras que brotarão no solo úmido e fecundo de *Água Viva*:

> Este texto que te dou não é para ser visto de perto: ganha sua secreta redondez antes invisível quando é visto de um avião em alto vôo. Então adivinha-se o jogo das ilhas e vêem-se canais e mares [19].

Palavras e caroços são produzidos pelo mesmo corpo que engole e devolve o alimento, e que fabrica os sons constitutivos do recitativo inconsciente. Fruta viva em virtualidade, os caroços rebrotarão além das fronteiras de *A Cidade Sitiada*. Como *maçã*, primeiro: o início de *A Maçã no Escuro* mostra de Martim somente a exterioridade de ser carente de fala, esvaziado de subjetividade. Mais tarde, em *Água Viva*, como caroços-palavras falando também de impessoalidade:

> [...] eu tenho o impessoal dentro de mim e não é corrupto e apodrecível pelo pessoal que às vezes me encharca: mas seco-me ao sol e sou um impessoal de caroço seco e germinativo [20].

O campo semântico do seco se vincula ao de impessoalidade, imperecibilidade e eternidade de tudo que é virtual: justamente a face da realidade que *A Cidade Sitiada* propõe como figura, ao ser burilada – como vir a ser do sentido – na forma de caroço. Por outro lado, como se viu, ficam no pano de fundo o mortal perecível, o que foi atualizado e se inscreve no devir [21]. A imagem dos

---

19. *Água Viva*, p. 32.
20. *Idem*, p. 35.
21. Segundo Franklin Leopoldo e Silva, para Bergson "as formações temporais tem o nada como determinação teleológica", ou seja, é uma "temporalidade dissolvente que rege o devir humano". Além disso, o aprendizado

caroços de tangerina remete, assim, ao tratamento peculiar do tempo que, vimos, transforma-se na eternidade do estado de sítio, resgatado daquela condição temporal que para Clarice

> [...] significa a desagregação da matéria. O apodrecimento do que é orgânico como se o tempo tivesse como um verme dentro de um fruto e fosse roubado a esse fruto toda a sua polpa[22].

Como se disse, o modo dominante de visão e caracterização – de que o capítulo 2 é exemplo claro – faz ver a maioria das personagens distanciadamente, a partir da exterioridade. O que não impede que, mesmo nesse capítulo, a narradora aqui e ali sutilmente se aproxime do narrado. Então, diminuída a distância, entrevê-se o esboço da dinâmica de espelhamento entre enunciação e enunciado que, incipiente ainda, será desenvolvida posteriormente, na relação entre a narradora e Lucrécia.

Viu-se já que *A Cidade Sitiada* é feita de capítulos-fragmentos, cada qual funcionando como espelho onde a obra se revê. O mesmo sucede em "O Cidadão", do ponto de vista, por exemplo, da aludida fratura estilística. Tal fratura – evidenciada no plano sintático, pela alternância de duas vozes; e no imagético, pelo contraponto entre recitar e comer – é procedimento freqüente na obra. Limito-me a alguns exemplos. Tome-se o caso da fratura pela separação em orações distintas, de termos interligados: "...eis a *mesa* no escuro. *Elevada* acima de si mesma pela sua falta de função" (p. 61, grifos meus). Ou as separações bruscas de termos, ilhados por travessões:

> desse devir se qualifica como dissolução, como degradação do ser, como constatação fundamental da inscrição de todos os entes na finitude, "Bergson, Proust – Tensões do Tempo", *Tempo e História*, São Paulo, Secretaria Municipal de Cultura/Companhia das Letras, 1992, em Adauto Novaes (org.), p. 149.

22. *Um Sopro de Vida*, p. 12.

VIDENTES E VISÍVEIS

As outras coisas da sala ingurgitadas pela própria existência, enquanto o que pelo menos não era maciço, como a mesinha oca de três pernas – não possuía, não dava – era transitório – surpreendente – pousado – extremo" (pp. 61-62).

Ou o encarte, num conjunto pertinente a um dado plano de realidade, de frase referida a outro plano:

Lá estava o toco de mármore. Na penumbra. Que aspecto! a moça largou a revista, ergueu-se – *que faria até casar? senão andar de um lado para outro* – e abriu as portas da varanda com curiosidade (p. 63, grifo meu).

As citações mostram que o fazer da narradora não é alheio àquele pelo qual Perseu produz tanto os trechos de frase que recita, como os pedaços de fruta, que cospe. Mas a relação em espelho entre a narradora e a personagem se manifesta inclusive na caracterização por esvaziamento, que impessoaliza Perseu. Como ele, a narradora algumas vezes também opera no registro impessoal: "

[...] era isso apenas o que *se podia saber* dele, *vendo*-o à janela de um segundo andar. Mas se *ninguém* conseguiria sondar sua harmonia – também ele parecia não sentir mais do que ela (p. 27, grifos meus).

Impessoalidade que atesta a busca do efeito de semelhança entre sua visão e a da personagem. O mesmo que sucede, aliás, com o caixeiro-contador de "A Gaiola de Ouro" o qual, quando "ria em malícia, sacudindo um pouco os ombros... alguma coisa ria nele" (p. 71). O que leva a narradora a mascarar-se de não-onisciente, na tentativa de encontrar para si uma atitude correspondente à da inconsciência da personagem, ao perguntar: "quem ria nele de todos?"

Um jeito estranho de ver:
da moça-caroço à mulher fruta

Entretanto, se Perseu exemplifica com clareza a relação entre narrador e personagem, as mais nítidas variações nessa relação

CLARICE LISPECTOR: UMA POÉTICA DO OLHAR

acontecem na caracterização de Lucrécia. É ela que, acompanhada pela narradora por espaços diversos, reflete as mudanças na postura narrativa. É digna de nota a diferença, em termos de progressiva interiorização, entre a moça casadoura preparando-se para sair com os namorados, "inexpressiva e de olhos vazios como se este fosse o modo de se ver mais real", sem no entanto "atingir-se, encantada pela profunda irrealidade de sua imagem" (pp. 31-32). E a mulher adúltera que, no limiar da entrega amorosa e sentindo-se

> [...] nauseada, quereria voltar as costas e ir embora, tanto preferia ainda a confusão promissora das palavras a essa nudez sem beleza, a esta verdade de hospital e de guerra (p. 143).

O espelhamento entre o modo de atuação da narradora e o da personagem, que no caso de Perseu é esporádico, no de Lucrécia é sistemático. O modo como ela vai construindo visualmente sua realidade dá a medida de como a realidade da obra se faz. As alterações na caracterização da moça refletem tanto a ambigüidade de sua relação com a narradora, quanto seu parentesco com a cidade, ambas em vias de transformação. O capítulo 10, clímax da metamorfose da moça em mulher, é seguido imediatamente pela debandada dos habitantes, fugindo de uma cidade que atingira – com a construção do viaduto – o clímax de seu progresso. É preciso pois acompanhar mais de perto as andanças da cidadã.

Uma grande parte dos capítulos que apanham Lucrécia em isolamento descrevem-na elaborando o mundo circundante – a cidade ou a casa – à medida que por ele passeia o olhar. Em "A Caçada", constrói-se primeiro a aparência com a qual ela se dará a ver aos namorados; depois, o próprio subúrbio. Em "A Estátua Pública", a moça se erige como estátua, imitando os objetos de adorno que olha . Em "Esboço da Cidade", mapeia visualmente todos os compartimentos da casa, num assédio sistemático às

164

coisas. Um assédio mais paciente a esses capítulos procurará mostrar não só de que espécie é o olhar de Lucrécia, como a relação entre seu olhar e o da narradora.

"A Estátua Pública" encena o primeiro lance de uma estratégia militar cujo fito é tomar de assalto indiretamente a cidade, através do sítio à sala de visitas. Postos na mira do olhar, os objetos ilhados compõem um mundo em estilhaços, semelhante àquele construído por Perseu e sua narradora:

> Enquanto não iniciava, a cidade estava intacta. E bastaria começar a olhar para parti-la em mil pedaços que não saberia juntar depois (p. 61).

Ou porque nada os vincula entre si: "A estante. A porta. O chão. O ângulo. O relógio" (p. 93). Ou porque são apanhados no esplendor de seu isolamento:

> Plantara mesmo primeira estaca de seu reino olhando: uma cadeira. Ao redor porém continuara o vazio. [...] Nunca pudera ultra-passar a serenidade de uma cadeira e dirigir-se às segundas coisas.

Isoladas, as coisas perdem a função:

> [...] porque eis a mesa no escuro. Elevada acima de si mesma pela sua falta de função" (p. 61).

Mas justamente a ausência de função, esvaziando o sentido, desbanaliza-o. Postos num patamar mais elevado, acima de si mesmos, os objetos ficam – como caroços – à espera de um novo ato inaugural de nomeação. É isso o que continuamente ocorreria à cidade, sempre construída para a destruição. Os cavalos – que metaforizam tanto a cidade quanto os habitantes – seriam livres

> [...] até que alguns homens os prendessem a carroças, outra vez erguendo uma cidade que eles não entenderiam, outra vez construindo, com

habilidade de inocente, as coisas. E então de novo se precisasse de que um dedo apontando lhes desse os antigos nomes (p. 81).

Vários procedimentos enfatizam o olhar descritivo-isolante. As frases nominais: "... porque eis a mesa no escuro" ou "eis a flor" (p. 62), ou "uma notícia, pensou com outras palavras". A impertinência sintatico-semântica: "...tivera paciência através de tantos passeios e de chapéus com abas" (p. 65). As expressões-gotas, em descrições pontilhistas: "...as coisas eram vistas imediatamente. A pia. As panelas. A janela aberta. A ordem, e a tranqüila, isolada posição de cada coisa sob o seu olhar..." (p. 86). Brilhando no ponto máximo de nudez e petrificação, as coisas são no entanto a promessa de milho a germinar no campo, lugar onde – num isolamento novo – Lucrécia vive o amor carnal em meio à luxúria de uma ilha povoada de sapos, folhas, ratos, teias de aranha, galos, cadelas e vacas. A estátua deixa sua solidão de caroço por aquela em que dois se fazem um, em que *tudo é um*: "a solidão com um homem: em último esforço, ela o amava" (p. 141). Entretanto, como se verá depois, o olhar que isola, fragmenta e faz rebrotar em estranhamento será relativizado pelo procedimento alegórico que – ao dizer que tudo significa tudo – reinventa uma integridade possível.

Entre a Lucrécia que, solteira, assedia as coisas da sala; e aquela que assediará, junto com as coisas, o amante, a diferença é nítida. Solteira, limitada ainda ao recinto urbano, seu olhar terminava por esbarrar com muros intransponíveis com os quais se fundia: "Se não pudera atravessar os muros da cidade, pelo menos fazia agora parte desses muros, em cal, pedra e madeira" (p. 94). Depois do casamento e da saída de S. Geraldo, assediando o homem para seduzi-lo, ela então descobria numa casa que "havia a fenda no muro", perguntando-se perplexa se "seria esse o horror da casa" (p. 140). E do ponto de vista da enunciação, o capítulo 10 representa, ele também, uma fenda no muro da história, quase sem fissuras, de pessoas cuja interioridade ora inexiste, ora se mostra colada ao exterior. Por essa fenda passará, mais do que o amor carnal alegorizado, um esboço de subjetividade menos rasa, posta em recesso no conjunto da obra.

Um segundo lance da estratégia de sítio se desenvolve em "Esboço da Cidade", que também figura a captura visual do mundo. Aí a metáfora do assédio à casa como ataque à cidade se explicita:

> Faltava a parte mais difícil da casa: a sala de visitas, praça de armas./ Onde cada coisa esperta existia como para que outras não fossem vistas? tal o grande sistema de defesa (p. 92).

Explica-se da mesma forma a recorrência às imagens bélicas e militares referidas ao olhar de Lucrécia sobre os objetos: "A cidade *invencível* era a realidade última. Depois dela haveria apenas morrer, como *conquista*" (p. 91, grifos meus). Ou,

> [...] "e olhou um segundo andar que o sol aclarava em cheio. Uma das mil *casamatas* da estúpida cidade iluminada. [...] Quem sabe se um dia *carros blindados* se postariam em cada esquina (p. 87, grifos meus).

O assédio se faz gradualmente. Começa pela retaguarda, esquadrinhando-se os fundos – cozinha, quarto, quintal –, locais menos bem guarnecidos em que a ação útil ainda serve de álibi ao olhar: "...chamava seu olhar de 'estou guardando uma vassoura'; e esta precaução bastava" (p. 90). O ataque final e decisivo fica reservado para o espaço de vanguarda da casa, onde já não há álibis, onde as coisas – inúteis objetos de adorno – têm por natureza a função de se ostentarem: cortina e calendários, mas sobretudo flores e bibelôs. Do mesmo modo como, na cidade, a praça de armas ostenta – bibelô gigante – a estátua eqüestre.

Mais do que os objetos da cozinha – pratos, talheres, vassouras e panos – que, arrancados de um contexto utilitário próximo, indiciam o almoço após o qual "Ana saíra para fazer compras" (p. 85). Ou a laranja no prato (p. 88), natureza morta cuja descontextualização não oblitera entretanto sua função de comida. Ou o "livro apodrecido de contadoria" lembrando contas feitas. Mais do que tudo, os bibelôs se erigem em quintessência do aparecer, feitos que são na medida justa do olhar, coisas em estado de redundância, sem causa, sem função, sem outro motivo senão o de estarem-ali-para-serem-vistas: "coisas feitas das próprias coisas, falsamente domesticáveis, galinhas que comem por vossas mãos mas não vos reconhecem..." (p. 93)[23].

O apagamento da dimensão utilitária das coisas faz com que recuperem sua forma primeira que, reaparecendo no mundo, produz o estranhamento da incompreensão:

> Uma cortina de ferro subiu com a primeira estridência e revelou-se a casa de quinquilharias: a loja de coisas. Quanto mais velho um objeto, mais se despojava. A forma esquecida durante o uso erguia-se agora na vitrina para a incompreensão dos olhos... (p. 15).

O não-sentido – "...os canos, o casaco e os fios elétricos: tinham a beleza de um aeroplano. Bonitos como óculos..." (p. 91) é o que permite recuperar nas coisas seu estado de caroços germinativos[24].

---

23. Segundo Bergson, a obra de arte é justamente o relaxamento da tensão que mantém o espírito preso ao aspecto pragmático-utilitário do real. Fruto de uma percepção desatenta, ela percebe mais e melhor. A percepção ampliada pela indeterminação do foco de atenção é o que permite ao artista revelar realidades inesperadas. "Bergson, Proust – Tensões do Tempo", cit. p. 146. Comentando *Les Donnés immediates de la conscience*, Clarice chama a atenção para o fato de Bergson encarecer a necessidade de o artista verdadeiramente grande ter todos os sentidos libertos do utilitarismo. Assim, ele "teria o mundo de um modo como jamais artista nenhum teve. Quer dizer, totalmente e na sua verdadeira realidade." *A Descoberta do Mundo*, p. 347.

24. O efeito visado é semelhante ao do procedimento de desgaste da palavra, a que se refere Benedito Nunes em *O Dorso do Tigre*, p. 138. Só que aqui não por técnica de recorrência, mas pelo absurdo.

VIDENTES E VISÍVEIS

O estranhamento, resultante do esforço de desbanalização que agarra a coisa em si, provoca uma radical alteração perceptiva. O olhar capta as coisas a partir de ângulos múltiplos e inusitados. E assim fazendo, mostra-lhes seu lado outro, "o lado empoeirado" (p. 90), estranha-as e as renova. Ora a visão é lateral: "...toda a cozinha era uma visão de lado. Cada vez que se voltasse para o lado, a visão estaria de novo de lado" (p. 87). Ora ajustada ao buraco da fechadura, quando então se modifica a relação espacial das coisas que "pareciam grandes vistas pelo orifício. Adquiriam volume, sombra e claridade: elas *apareciam*" (p. 89). Ora se faz de baixo para cima: "Oh, as infinitas posições da sala, como se alguém se deitasse no chão e olhasse no teto a lâmpada oscilar" (p. 92). Ora capta o movimento inusitado do aparecer gradual: "E, arremessado de longe, um objeto confuso que à frente da cara se formou nítido e engrandecido: a cadeira perfeita" (pp. 93-94).

Para vencer o mundo inimigo há que fazer do olhar não um meio de "ex-plicar" pois, explicadas, as coisas não passam "de incompreensíveis a compreensíveis, mas de uma natureza a outra". Nada há a procurar por detrás delas, sua profundidade está na superfície. Nada há a transcender. Trata-se de inventar um olhar que, diferentemente daquele que sobrevoa o visto, adere-lhe ao corpo. "Para tentar saber de uma praça", Lucrécia "fazia esforço para não sobrevoá-la, o que seria tão mais fácil." Ela que "gostava de ficar na própria coisa" (p. 88). Agarrando-se na nudez da coisa, o olhar mostra seu ser selvagem e estrangeiro.

No *Bildungsroman Perto do Coração Selvagem*, como se viu, a artista em formação descobria que a verdadeira criação traz necessariamente o impacto do estranhamento. Joana percebia a diferença entre dizer "titia almoça com titio", frase que nada criava, apenas reproduzia o cotidiano na casa dos tios; e "flores sobre o túmulo", criação autêntica porque tirada do nada, descontextualizada, estranhada. Uma, voltada para o uso referencial da linguagem, nada mais fazia do que evocar um signo preestabelecido. Em *A Cidade Sitiada*, não se trata mais de experimentar a linguagem criadora através de operações metalingüísticas como as que ocupavam Joana. Agora o experimento da estranheza já foi incorporado pelo narrador como processo ficcional de base: por isso o mundo construído é estranho. Como se não fosse mais necessário pensar "flores sobre o túmulo": Lucrécia é uma flor – copia com seu corpo a flor da sala –, sobre uma cidade-túmulo: S. Geraldo.

Quando duas *mulheres* olham

Compreender melhor o papel de Lucrécia como vidente-visível exige compreender também o modo como a narradora vê a visão da personagem. Isso é possível acompanhando-se as modificações na distância relativa entre ambas, ao longo do capítulo "Esboço da Cidade". Nele, a narrativa é feita ora pela narradora vendo Lucrécia de fora, ora por Lucrécia vendo as coisas, ora por enunciados dúbios de que ambas participariam. Cito como exemplo, um trecho da página 86:

Nada acontecia porém:
(registro dúbio: parece comentário da narradora, mas pode também
ser pensamento da personagem)
uma criatura estava diante do
que via, tomada pela qualidade
do que via, com os olhos ofuscados
pelo próprio modo calmo de olhar; a
luz da cozinha era o seu modo de ver –
(pensamento-visão da narradora)
as coisas às duas horas parecem
feitas, mesmo na profundeza, do
modo como se lhes vê a superfície.

VIDENTES E VISÍVEIS

> (registro dúbio; aparentemente é observação da narradora, mas
> também poderia ser da personagem)
> Bem desejaria contar algo dessa
> claridade a Ana ou a Perseu.

(pensamento da personagem, em forma de indireto livre).

Assim, narradora e personagem muitas vezes se assemelham –
por exemplo quando aquela organiza os quadros sucessivos, de
que é feito o capítulo, segundo o modo paratático de arranjo, próprio da consciência visual da personagem que, como se viu, apreen-
de as coisas, isolando-as entre si. Outras vezes ambas se estranham,
quando se evidencia o olhar a partir da exterioridade, sobretudo
em enunciados que empregam o verbo "parecer": "Parecia enfim
ter ultrapassado as mil possibilidades que uma pessoa tem..." (p.
86). Ou, "essas mudanças pareceram deixar Lucrécia satisfeitíssima..."
(p. 87). No âmbito dessa polaridade se constrói uma relação feita de
movimentos de aproximação e afastamento. A essa relação ambígua convencionei chamar de "espelhamento" para aí enfatizar a
existência, ao mesmo tempo, de identificação e estranhamento,
mescla que possibilita à narradora ver a personagem, ver-se na personagem e ver como a personagem. É essa relação cambiante e
ambígua – ilustrada, como se viu, na coexistência, num mesmo pensamento, de registros verbais heterogêneos – que garante que a
narradora, embora onisciente e não-dramatizada, não seja um olhar
de sobrevôo, mas um que sutilmente se mira no que vê[25].

---

25. Uma frase de *Um Sopro de Vida*, p. 118, faz pensar na existência do olhar
de sobrevôo de um narrador demiurgo, sobre quem Clarice-Angela diz:
"Se eu fosse Deus eu veria o homem, à sua distância, como coisa". O que
não significa necessariamente que, vendo o homem como coisa, Deus
está livre de ser coisa, ele também. Em *A Cidade Sitiada*, por exemplo,
Lucrécia é identificada com um "deus impessoal". E em "O Ovo e a
Galinha", como se verá, Deus é avatar do ovo que é figura do vazio.

CLARICE LISPECTOR: UMA POÉTICA DO OLHAR

A forma exterior de olhar predomina no início do capítulo. Enquanto a moça lava os pratos, sua consciência não é adentrada: "o que sucedeu nesta tarde ultrapassou Lucrécia Neves...". Ou, "foi assim que ela escapou de saber". A ausência de saber – Lucrécia afinal era "de algum modo estúpida" (p. 86) –, mostra a precariedade da consciência reflexiva e justifica o modo de narrar predominante. De fato, o capítulo figura basicamente a atuação perceptivo-corporal de Lucrécia como experiência maciça donde se ausenta o pensamento:

> Naquela deusa consagrada pelas duas horas, o pensamento, quase nunca utilizado, primarizara-se até transformar-se num sentido apenas. Seu pensamento mais apurado era ver, passear, ouvir (p. 87).

Mesmo assim, ainda no início, há um conjunto de frases nominais que se relacionam por justaposição e cuja autoria é dúbia. Pois embora à primeira vista se refiram ao olhar descritivo de Lucrécia, parecem apropriáveis pelo olhar da narradora: "A pia. As panelas. A janela aberta. A ordem e a tranqüila, isolada posição de cada coisa sob o seu olhar: nada se esquivava". No início do mesmo parágrafo, a narradora descreve a situação da moça, a partir do exterior: "Água escorria da bica e ela passava o pano ensaboado nos talheres". A frase seguinte, cujo agente se oblitera pela voz passiva sintética, deixa entretanto entrever que narradora e personagem se anulam, momentaneamente, como oposições definidas e passam a constituir um olhar anônimo: "Da janela via-se o muro amarelo – amarelo, dizia o simples encontro com a cor" (p. 85).

Essa relação de espelhamento, embora mais visível em meados do capítulo, surge desde o começo por uma imagem que metaforiza o gesto da narradora assistindo a Lucrécia em seu simples estar aí, toda entregue à atividade doméstica; do mesmo modo portanto como as coisas aparecem à moça:

172

VIDENTES E VISÍVEIS

Esfregando os dentes do garfo, Lucrécia era uma roda pequena girando rápida enquanto a maior girava lenta — a roda lenta da claridade, e dentro desta uma moça trabalhando como formiga (p. 85).

Aqui se figura também, de certo modo, o tipo de vínculo entre narradora e personagem: uma roda grande girando lenta, outra menor e mais rápida; cada qual com individualidade própria mas engrenadas num jogo que as faz dependentes uma da outra. O fato de a roda grande ser "a roda lenta da claridade" parece indicar a metaforização da narradora, uma vez que essa — tanto quanto a claridade — tem como função tornar visível o mundo ficcional. A imagem faz pensar também na possível existência de dois ritmos distintos da atividade visual: um mais rápido, outro mais lento. Seria talvez mais lento o da narradora, ao gestar pacientemente o livro-caroço, assaltando-o por vários flancos: Perseu, Efigênia, Lucrécia, o morro, a praça, o jardim, a casa, a ilha etc.

Em meados do capítulo aproximadamente, tem-se a impressão de que a narradora passa cada vez mais a ver as coisas através do olhar da personagem, ficando mais freqüentes os enunciados atribuíveis a ambas. Mas nos parágrafos finais, acompanhando o paulatino movimento de exteriorização, objetivação e impessoalização de Lucrécia, a narradora volta a se distanciar, vendo-a de fora. O capítulo se inicia e conclui com o mesmo comportamento narrativo. A partir da página 93, desaparecem os enunciados atribuíveis somente a Lucrécia, rareiam aqueles dúbios ("O que não se sabe pensar, se vê!... quem pensara jamais a claridade?" p. 93) e predomina a voz narrativa expressando a personagem como exterioridade. O mesmo percurso é aliás realizado pela obra como um todo: Lucrécia é vista de fora, nos primeiros capítulos; paulatinamente vai sendo adentrada e ganhando uma relativa subjetividade, processo atingindo um ponto climático no capítulo 10. E novamente é vista de fora, no último capítulo.

Retornando a visão distanciada, reaparece também o tom fortemente irônico. Sobretudo nos dois últimos parágrafos que ridicularizam a personagem rebaixando-a, quando já se alçava como estátua-símbolo da cidade finalmente assediada. Com isso, volta-se a vê-la em papel burlesco, sendo seu gesto reduzido a "apenas uma dessas piruetas de moça casadoura", que "são tão alegres" e que "fazem as cambalhotas mesmo na frente dos outros, e riem muito depois" (p. 94). Esse final anticlimático será seguramente uma tática de impedir a anulação da "nulidade" de Lucrécia, que ocorreria caso se permitisse que ela se instalasse na rigidez de estátua finalmente integrada à cidade como seu glorioso símbolo. Teria a narradora propositalmente desconstruído a estátua em vias de se perfazer em tom heróico, como já acontecera em capítulo anterior, fazendo-a retornar a sua condição original de matéria amorfa pronta para ser retrabalhada? A imagem aparecida anteriormente, segundo a qual Lucrécia continuamente construía e destruía a cidade, sugere resposta afirmativa, ao indicar que também a narradora estaria continuamente construindo e destruindo sua personagem[26].

Mediações:
entre a palavra e a coisa

A narradora vê Lucrécia construindo seu mundo, ao mesmo tempo em que constrói a realidade fictícia do capítulo e do livro: nisso se assemelham. Mas a tarefa da personagem supõe ausência de inteligência reflexiva, o olhar da estupidez que não transcende.

---

26. Esquema semelhante reaparecerá em *A Maçã no Escuro*, pelos procedimentos que destróem o herói, no mesmo passo em que se faz seu nascimento. A culminância é o enrijecimento final de Martim numa estereotipia maciça.

O fazer narrativo, ao contrário, é construção de uma transcendência. Depende de uma inteligência organizadora, mesmo quando se busca o efeito de imanência às coisas. Aqui vale lembrar *A Hora da Estrela*: "Espraiar-se selvagemente e no entanto atrás de tudo pulsa uma geometria inflexível"[27].

A onisciência narrativa, que torna mais transparente o autor implícito, faz parte de um tipo peculiar de organização ficcional que exige o olhar distanciado. O assunto trabalhado, porém, põe uma exigência contrária: a proximidade que permita à narradora espelhar-se na personagem. Isso faz com que a relação entre ambas se construa por desdobramentos vários que visam a estabelecer mediações entre o olhar e a experiência vivida que ele busca traduzir. Para transubstanciar em linguagem a percepção do mundo se fazendo no próprio âmbito das coisas, isto é, num âmbito aquém ou além do verbal, a entidade enunciadora deve se munir dos elementos que estabeleçam as pontes possíveis com essa realidade. Como se trata daquilo que simplesmente *aparece*, e que recusa explicações na medida em que escapa à teia com que a linguagem pretende capturar algo distinto dela por natureza, trata-se também de encontrar os mediadores adequados para operar essa "pesca milagrosa". Lucrécia, como se viu, tem fortes vínculos com a realidade não-verbal. Pela identificação com animais (os cavalos, sobretudo), objetos (flor, guarda-roupa, estátua), ou a própria cidade. Pela parca capacidade reflexiva e racionalizadora que a aproxima da vida inconsciente e do sonho. Através dela, já o sabemos, é possível desconstruir a oposição observador/observado e reconstruir um vidente-visível. O que permite à narradora ver alguém que vê com o corpo e, assim, construir uma linguagem que veja o mundo com seu próprio corpo.

27. *A Hora da Estrela*, p. 93.

Tal necessidade de mediações é, ademais, um dos temas da obra, ao qual o próximo capítulo deste trabalho dedicará maior atenção. Viu-se que Lucrécia fazia do assédio às coisas da sala o meio de atingir a cidade. No envolvimento amoroso com Lucas, é a intermediação do castanheiro que faz com que ambos se toquem, momento em que a natureza mediatizada das relações é expressa literalmente:

> Ele desconhecido mas já inquieto, a olhar em torno, pondo a mão no tronco do castanheiro... Então Lucrécia pôs a mão no tronco do castanheiro. Através da árvore, Lucrécia o tocava. O mundo indireto (p. 140).

Para além do plano dos temas, a necessidade das mediações decorre da própria concepção de linguagem implícita na obra, concepção vinculada à representação alegórica da realidade. Assim como através da árvore Lucrécia toca Lucas, ao fim do longo e paciente assédio da moça ao médico, a narrativa *toca* indiretamente no envolvimento carnal de ambos, através da metaforização do termo *tocar*. A descrição da sedução, metaforizada por rápidos relances em que corpo toca corpo, é paulatina, longa e indireta. A frase que a encerra – "eles se tocaram enfim" – diz, sem dizer, a experiência sexual. E isso tem relação com a questão do alegórico, a se retomar adiante.

Se, como diz G.H., "viver não é relatável"[28], a saída então é ver o mundo indiretamente. Isto é, do ponto de vista do olhar que o cria, criar o intermediário que funcione como ponte entre o lado do relatar e o do viver. Que seja um "eu" ao assumir a posição de vidente – os momentos em *A Cidade Sitiada* em que a narradora, embora enunciando em terceira pessoa, acompanha com o seu olhar o de Lucrécia, apossando-se dele; mas que seja também um "ele", ao se oferecer como visível. Nesse sentido, a experiência de *A Cidade Sitiada* é revelação e antecipação. A relação entre a G.H.

28. *A Paixão Segundo G.H.*, p. 15.

VIDENTES E VISÍVEIS

que relata e a que vive é semelhante àquela que há entre narradora e personagem em *A Cidade Sitiada*, pouco importando que Lucrécia não seja uma *mesma* em relação a sua narradora, até porque a essa altura *mesmo* e *outro* deixam de constituir oposição excludente.

É verdade que em *A Paixão Segundo G.H.*, a trama de intermediações é mais complexa. A G.H. narradora não quer estar no ponto mais próximo da realidade verbal. Assim, inventa um interlocutor imaginário como primeiro elo da cadeia e elemento mais dependente da estrutura da linguagem. O que permite à narradora se movimentar entre o recinto da palavra e o espaço para além dela, nunca entretanto perdendo a ligação com aquele recinto graças à mão asseguradora do interlocutor que a retém. Só então G.H. se deixa arrastar pela corrente subterrânea conduzindo o relato, além de suas fronteiras, para sua negação. A fotografia de G.H., onde ela se vê *outra*, vendo-se antecipadamente do lado da realidade da barata, inicia a cadeia de mediações. Janair será a próxima, à qual se seguirá a barata, porta de entrada principal ao mundo da Coisa.

Semelhante estrutura em camadas se encontra em *A Cidade Sitiada*. Por exemplo, Lucrécia, que a narradora vê como uma *outra*, se vê e é vista como outra na máscara-maquiagem que a faz aparecer como "um retrato ideal de si mesma" (p. 32). Ou na máscara de personagem com a qual representa a "cena" da conversa com a mãe, essa adotando um tom cerimonioso, mesmo que ambas já não precisassem mais "de grandes preparações para entrar nos dois personagens..." (p. 58). Ou na fotografia que dá acabamento ao processo de transformação de Lucrécia em monumento-símbolo da cidade, fotografia que – objetivando a moça mais do que ela própria o fizera – torna-se-lhe, não sua cópia, mas o modelo atrás do qual ela – como cópia – corre para "ir reunir-se ao retrato" (p. 173).

Essas camadas se relacionam de modo peculiar, por entrecruzamento. Lucrécia cria seu mundo, olhando-o, ao mesmo tempo em que é por ele criada, ao ser olhada:

Mas não era só ela quem via. De fato um homem passou e a olhou: ela teve a impressão de que ele a vira estreita e alongada, com um chapéu pequeno demais: como num espelho. Bateu perturbada as pálpebras, embora não soubesse que forma escolheria ter; mas o que um homem vê é uma realidade. E sem sentir a moça tomou a forma que o homem percebera nela. Assim se construíam as coisas (p. 43).

O entrecruzamento deve ocorrer necessariamente, por ser condição da constituição do vidente-visível, que não sobrevoa o que vê, que ao contrário é aquilo que vê.

Na análise de *Perto do Coração Selvagem*, já se teve oportunidade de mencionar o desdobramento entre, por um lado, narradora e personagem; e por outro, Joana e as demais mulheres nas quais se revia. *A Cidade Sitiada* dá a esse desdobramento a dimensão nova de construção de uma *impessoa*. Por mais que Joana se reencontre nas outras personagens. E, portanto, por mais que a concepção de subjetividade que lhe dá suporte difira daquela da ficção realista. O modo como se constrói o relato, centrado preferencialmente na sua experiência interior, confere-lhe um grau de individualidade e perfil humano que Lucrécia Neves em momento algum alcança. Lucrécia – e, mais que ela, Perseu e Efigênia – é a *impessoa* através da qual se opera a aludida abordagem de uma realidade não-verbal a partir de uma experiência verbal.

Em *Perto do Coração Selvagem*, já se encontram a rigor formas larvares dessa *impessoa*. Primeiramente, no modo como Joana se observa, pelo lado de fora:

Ninguém em casa. E de tal modo ninguém dentro de si mesma que poderia ter os pensamentos mais desligados da realidade, se quisesse. Se eu me visse na terra lá das estrelas ficaria só de mim [29].

29. *Perto do Coração Selvagem*, p. 19.

VIDENTES E VISÍVEIS

Mas mais claramente pela caracterização de Lídia, personagem quase totalmente destituída de interioridade; e sobretudo da mulher da voz – pura construção imaginária de Joana, pessoa muda a quem ela empresta sua própria voz. Nesse romance o tratamento do indivíduo humano enquanto instância impessoal atinge não só as personagens vazias mas, em alguns momentos, até mesmo aquela cuja experiência interior é o eixo da obra. O sujeito da palavra – Joana enquanto avatar da narradora – enfrenta a realidade *outra* do corpo exteriorizado, esquema que se repete em *A Paixão Segundo G.H.* Em *A Cidade Sitiada*, a diferença está no fato de as personagens principais serem o corpo exteriorizado. O que acaba obrigando a uma prática de ventriloquismo que o conto "A Menor Mulher do Mundo" ajuda a esclarecer[30].

Nele, um narrador onisciente não-dramatizado mostra, pela visão de fora, uma minúscula africana negra – Pequena Flor –, vivendo próxima da animalidade, num estágio verbal rudimentar: "os likoualas usam poucos nomes, chamam as coisas por gestos e sons animais". Informados de sua existência pelo jornal, os ditos civilizados projetam nela o medo e o desejo de posse que a alteridade atiça. O narrador por sua vez, traduzindo o significado de seus gestos, da mesma forma atribui-lhe conteúdos cuja autoria é ambígua. O "riso bestial" da africana, que o pesquisador francês não consegue classificar, é creditado pelo narrador ao fato de que "a própria coisa rara sentia o peito morno do que se pode chamar de Amor". O conceito recebe então significados inusitados ("amor é não ser comido, amor é achar bonita uma bota, amor é gostar da cor rara de um homem que não é negro") cujo conteúdo revela o frescor sêmico próprio da fonte de onde emanariam. Mas pelo fato de serem entidades de linguagem, esses significados não podem a rigor brotar de alguém carente de fala. Daí seu caráter

30. *Laços de Família*, p. 77.

CLARICE LISPECTOR: UMA POÉTICA DO OLHAR

dúplice: elaborações de um ser de linguagem que, para isso, necessitou encarnar num corpo mudo.

O esquema repete a estrutura mediada de que se vem falando. Entre a visão que o narrador tem de fora e a que tem de dentro de Pequena Flor, colocam-se os intermediários: o explorador francês, os *civilizados* em cujos lares a história da anã provoca um tumulto passageiro. Nessa cadeia, Pequena Flor é o elo mais próximo da Coisa. Sua linguagem precária, o parentesco com o mundo animal ("escura como um macaco"), vegetal (Pequena Flor) e mineral ("esmeralda nenhuma é tão rara") fazem dela o suporte privilegiado desse corpo, do qual diz Merleau-Ponty que "nos une diretamente às coisas por sua própria ontogênese" e que

[...] nos pode levar às próprias coisas, que não são seres planos mas seres em profundidade, inacessíveis a um sujeito que os sobrevõe, só abertas, se possível, para aquele que com elas coexista no mesmo mundo[31].

No conto mencionado, a impessoalização se dá pela identificação da *impessoa* com objetos e animais. O mesmo ocorre em *A Cidade Sitiada*, vindo daí a importância da imagem dos cavalos. Mas além disso, Lucrécia gasta boa parte de seu tempo exercitando transformar-se em objetos – flor, estátua, cadeira – como modo de vê-los efetivamente. Quanto aos animais, Benedito Nunes chama a atenção para sua importância na obra de Clarice pois

[...] nos comunicam mais rapidamente do que podem fazer as outras coisas, a presença da existência primitiva, universal, que o cotidiano, o hábito e as relações sociais mantêm represada[32].

Em *A Cidade Sitiada*, esse poder de comunicação com o além-linguagem se encontra tanto no plano do animal quanto no do

31. *O Visível e o Invisível*, p. 132.
32. *O Dorso do Tigre*, p. 125.

mineral: na cidade de pedra, nas pessoas de pedra, nos cavalos enrijecidos em estátua eqüestre.

Ao falar das personagens de Clarice, Nunes afirma que elas deixam a impressão de serem sempre iguais, resumindo-se todas numa só personagem.

> Até certo ponto Martim, Joana, Ana e G.H. se confundem. Em cada um deles é a existência, como fonte substancial de todos os conflitos interpessoais, que se apresenta, infiltrando-se no cotidiano, produzindo a retração da personalidade social...[33]

A constatação dessa igualdade só é possível porque são levadas em consideração apenas as personagens cuja consciência é o que dá suporte ao relato ficcional. Se se observar mais atentamente a obra de Clarice, será possível verificar a presença precoce de personagens que desempenham papel especular, espécie de negativo em que a instância da enunciação, ou sua personagem avatar, encontra seu limite e possibilidade de ser. No já mencionado conto "História Interrompida", um dos primeiros da escritora, a criação de um par amoroso se faz como desdobramento de um em dois: o rapaz é construção imaginária da moça que cria, além dele, a história de ambos [34].

Pelo critério de Nunes, parece ficarem de fora as personagens de *A Cidade Sitiada*, exemplares ilustres de uma experiência de alteridade engendrando-se lentamente ao longo do trabalho escritural de Clarice: o corpo-coisa, carente de consciência reflexiva, lugar de habitação do inconsciente em que o ritmo da vigília cede passo ao do sonho. O que se exterioriza, que é visto e vê; e que só vê porque é visto. Experiência cuja importância se mede como abertura de caminho para o instantâneo clarão estelar da

33. *Idem*, p. 116.
34. *A Bela e a Fera*, p. 13.

impessoa de Macabéa. E cuja travessia se faz pela barata, da qual diz G.H. que "não me via com os olhos mas com o corpo"[35].

Por um método mais abrangente se procuraria, ao contrário, ver em cada obra o predomínio de alguns elementos sobre outros que, momentaneamente, entram em recesso, mas sem perderem a importância de fundo contra o qual a figura se recorta. Assim se engendra o já mencionado "desequilíbrio equilibrado" que constitui a singularidade da Obra clariciana. No que se refere às personagens, por exemplo, o método indicaria a existência de situações reversas entre *A Cidade Sitiada* e *Perto do Coração Selvagem*. O romance de estréia manifestava na personagem central a faceta inteligente, brilhante, "artística". E deixava no pano de fundo as mulheres-corpo. *A Cidade Sitiada* faz da moça "estúpida" a figura central, junto à qual estão vários outros seres de inteligência parca. Na penumbra, citada de passagem, fica a inteligente Cristina, a "vanguardista" da A.J.F.S.G., que estabelecia "com facilidade de inteligência novos princípios"; e que prometeicamente "acendia um fogo" entretanto "vazio e destinado ao vazio" (p. 17).

A Cidade Sitiada inaugura o prestígio das radicais *outridades* do mundo clariciano: as empregadas – Eremita ou Janair; a mencionada anã africana; as várias galinhas; as baratas de "A Quinta História"; o búfalo ou o cão que se alçam à condição de interlocutores mudos – da mulher, de "O Búfalo" e do professor, de "O Crime do Professor de Matemática", respectivamente. Todos descendentes diretos de Lucrécia, Perseu e Efigênia.

Um dos dois emblemas maiores dessa *coiseidade* irredutível – a barata – já havia freqüentado *Perto do Coração Selvagem*. Mas, não casualmente, ali aparecia como *objeto* de devoração, Joana antecipando-se a G.H.: o bolo que a menina comia e vomitava, por ocasião da morte do pai, tinha gosto de vinho e barata. Do mesmo modo em

35. *A Paixão Segundo G.H.*, p. 50.

O Lustre reencontramos as baratas, objeto da visão de Daniel: "...baratas velhas, cinzentas e vagarosas..."[36]. Em *A Cidade Sitiada*, ao contrário, a barata vem para a frente da cena: pela primeira vez na obra da escritora ela é identificada com a personagem central. Quando Perseu conta a Lucrécia que à noite sentira mosquito, mariposa e barata voadora, completando que "já nem se sabe mais o que está pousando na gente", ela retruca irônica: "— Sou eu..." (p. 41).

O outro emblema – o ovo – acha-se também no início da obra – em *Perto do Coração Selvagem* – mas ainda no estado de palavra-substância. Na voz do pai de Joana, que a vê como "ovinho vivo" e "ovo quente", a palavra está carregada de referencialidade, apesar de metafórica. Em *A Cidade Sitiada*, ao contrário, graças a um trabalho mais sistemático de desrealização e desreferencialização do signo, o ovo aparece – descontextualizado – na nudez de objeto tautológico: "o ovo na mesa da cozinha era oval" (pp. 134-135). Ou então alegorizando a visibilidade: "As coisas se mantinham à própria superfície na veemência de um ovo" (p. 49). Ovo a gestar outro, aquele que em "O Ovo e a Galinha" é visto, "de manhã na cozinha sobre a mesa", como "ovo no espaço", "ovo sobre azul"[37].

Analisando *A Paixão Segundo G.H.*, Benedito Nunes mostra que, dado o caráter místico da experiência relatada, a despersonalização está implícita uma vez que se trata da anulação da "diferença entre o sujeito interno e o objeto externo, ambos compenetrados numa visão recíproca sem transcendência...". Para ilustrar sua afirmação, o crítico cita a obra: "...os seres existem os outros como modo de se verem" (p. 76). E completa:

> A diferença entre sujeito e objeto reaparece interiormente como desdobramento do *eu* num *ele*, que exerce a ação de existir. Nem G.H. nem a

---

36. *O Lustre*, p. 189.

37. *A Legião Estrangeira*, pp. 55 e 56.

barata existem simplesmente ou apenas coexistem; uma é para si mesma aquilo que se espelha no olhar da outra. O *eu* não se relaciona com um *tu*, mas com um *ele* que também é. Ação e paixão do sujeito, que se torna agente e paciente, a sua existência é a existência do *outro* que ele já é em si mesmo[38].

Ora, é justamente por essa relação de um eu – sujeito da enunciação e narrador não-dramatizado – com um ele, impessoal, que a escritura procura chegar ao seu outro, a não-palavra; é essa a experiência radical de *A Cidade Sitiada*. Quando a narradora diz que faltava a Lucrécia o despojamento de apenas dizer "cidade", o passo além (ou aquém) é silêncio.

O fato de *A Paixão Segundo G.H.* ser relatada , em primeira pessoa, pela "mesma" mulher que viveu a experiência, dificulta a percepção da falsidade de semelhante identificação. Pois, contrariamente ao que parece à primeira vista, "no momento em que o sujeito da enunciação se torna sujeito do enunciado, não é mais o mesmo sujeito que enuncia. Falar de si próprio significa não ser mais 'si próprio'"[39]. Relatos como o de G.H., ou o da narradora consciente de si enquanto tal que, em "A Quinta História", se propõe a fazer pelo menos três histórias, tiram sua força justamente dessa falsa identificação.

Nesse sentido, a experiência de construção da alteridade, em que o eu é e não é o outro; ou só é outro na medida em que pode se enxergar como eu, e só é eu porque é o outro do outro; essa experiência ganha em força nos mencionados relatos pela obtenção do efeito de máxima anulação da distância eu-outro. O fato de em *A Cidade Sitiada* essa distância ser maior não deve entretanto

---

38. *O Drama da Linguagem*, p. 73.
39. T. Todorov, *Estruturalismo e Poética*, 2ª ed., trad. José Paulo Paes, São Paulo, Cultrix, 1971, p. 47.

obscurecer o mérito da experiência aí levada a cabo pois ela é matricial para as posteriores.

Ver como pintar

A *Cidade Sitiada* se apresenta como tradução descritivo-ficcional de uma realidade cuja essência é a aparência; donde a busca da semelhança com a arte pictórica. Essa tradução se faz pela palavra narrativa que se refrata, concretizando-se através de corpos expostos à visão. Pintura e espelho, *A Cidade Sitiada* se mostra como "o instrumento de uma universal magia que transforma coisas em espetáculos, os espetáculos em coisas, eu no outro e o outro em mim"[40]. Ao tempo da experiência da obra, Clarice acabara de viver a experiência de se expor como visível (vidente) para um vidente (visível) de tipo especial: o pintor De Chirico.

Dos pintores, sabe-se que

[...] muitas vezes refletiram sobre os espelhos porque, por sob esse "truque mecânico" como por sob o truque da perspectiva, reconheciam a metamorfose do vidente e do visível, que é a definição da nossa carne e da vocação deles. Eis aí também porque muitas vezes eles gostavam... de representar-se a si mesmos no ato de pintar, acrescentando ao que então viam aquilo que as coisas viam deles, como que para atestar que há uma visão total ou absoluta, fora da qual nada permanece, e que torna a se fechar sobre eles mesmos[41].

Realidade tendente a se fechar sobre si como forma de evitar a voragem da força que arrasta para o abismo da não-linguagem, a

---

40. M. Merleau-Ponty, *O Olho e o Espírito*, trad. Gerardo D. Barreto, vol. XLI, São Paulo, Abril Cultural, col. Os Pensadores, p. 282.

41. *Idem*, p. 283.

Obra de Lispector opera ao fim a introjeção explícita do vidente no visível, do escritor na escritura: o autor Rodrigo, na verdade Clarice Lispector, integrando o jogo ficcional que cria.

À Clarice pintora – sobretudo de ficções, mas também de quadros – seria possível atribuir as observações de Klee, pintor que muito a impressionou:

> Numa floresta, repetidas vezes senti que não era eu que olhava a floresta. Em certos dias senti que eram as árvores que olhavam para mim, que me falavam...Eu lá estava escutando... Creio que o pintor deve ser traspassado pelo universo, e não querer traspassá-lo... Aguardo ser interiormente submergido, sepultado. Pinto, talvez, para ressurgir[42].

Morte e ressurreição: momentos decisivos e tema central na Obra da ficcionista que, em *A Cidade Sitiada* transubstanciou o tempo de morte na cidade-cemitério de Berna, no tempo de espera e vislumbre de ressurreição, da cidade-caroço de S. Geraldo.

———◆———

42. *Apud* Merleau-Ponty, *op. cit.*

5

♦

O Mundo Indireto

Pois a coisa nunca pode ser realmente tocada.
O nó vital é um dedo apontando-o...

A Paixão Segundo G.H.

Se algo se puder estabelecer com clareza sobre a *A Cidade Sitiada*, será seguramente sua natureza enigmática. A figura que a retórica cataloga como alegoria, nas diversas modalidades de obscurecimento sêmico, parece indicar a concepção de linguagem com que a obra se constrói. Fazendo-se como tecido lacunar, fraturado em suas articulações, oferecendo-se mais como vazio do que como plenitude, o texto alegórico convida e mesmo só permite leituras que assumam o risco da invenção de um sentido. Daí a dificuldade da exegese. No dizer de João Gaspar Simões: haja quem lhe encontre a chave! Ao leitor, resta correr o perigo.

Carregada de enigmas desde o início, a história propõe, de saída, este: a certa altura da festa, Lucrécia busca "o lugar de onde jorrava o prazer", questionando-se sobre "onde estaria o centro do subúrbio". Frases obscuras porque, na cadeia sintagmática onde se encontram, constituem-se como unidades dotadas de relativa independência contextual. A multidão festiva arrasta Lucrécia e seu acompanhante forasteiro, Felipe. Este ri; e a moça – ofendida – interpreta o riso como desprezo pelo acanhamento da comemoração suburbana. Em seguida porém reconhece que ela própria não conseguiria

> [...] cair plenamente no centro do regozijo que ora parecia estalar no silêncio do fogo, ora esfuziar-se dos giros dos cavalinhos – embora procurasse com o rosto o lugar de onde jorrava o prazer. Onde estaria o centro do subúrbio? Felipe usava o uniforme. Sob o pretexto de se apoiar, a moça passava os dedos pelos grossos botões, cega, atenta. De súbito, acharam-se fora da festa (p. 10).

Quanto ao "lugar de onde jorrava o prazer", embora semi-oculto por um véu de obscuridade, ainda é possível que seu sentido se esboce na menção ao "centro do regozijo" que ora está "no silêncio do fogo", ora nos "giros dos cavalinhos". Mas a dificuldade aumenta quando, sobressaindo em grande independência sintático-semântica, põe-se a pergunta sobre o centro do subúrbio. O único elemento a vincular a oração absoluta aos demais períodos do parágrafo é a palavra "centro", ligação também problemática pois a ida do "centro do regozijo" ao "centro do subúrbio" parece pedir um salto. Talvez então a resposta ao enigma dependa também de um salto.

O capítulo 10 é aquele em que, também em chave alegórico-enigmática, figura-se a entrega carnal de Lucrécia a Lucas. O cenário difere bastante dos anteriores. Nem subúrbio, nem metrópole: a ilha, feita na medida para abrigar o isolamento a dois. Nem bem desembarcada, Lucrécia sentia que "certo prazer já nascia com os passos afundando na areia do cais. Em breve atingia o centro da pequena cidade marítima...". O que leva a pensar que os enigmas do início (o centro do prazer, o centro do subúrbio) podem achar uma resposta, longínqua e indiretamente, dez capítulos depois (neste outro prazer, neste outro centro) não é só o fato de toda a ilha ser o

O MUNDO INDIRETO

lugar da morada da luxúria. Nem só a rapidez com que ali Lucrécia atinge o centro. Mas também a possibilidade de outro enigma construído desde o início achar aqui esclarecimento possível.

Pouco depois da menção à chegada da moça ao centro da ilha, lê-se que

[...] os cavalos a carregavam em tropeços e súbitos avanços através do atalho mas em breve corriam empinando cabeças – e em breve a mulher queria que voassem. Alquebrada por algum desejo arrancou mesmo o chapéu e deixou os cabelos desfeitos ao vento. O que desejava dizer com esse gesto só as árvores assistiam, e os cavalos avançavam entre elas (p. 133).

A gradação cinética que vai dos tropeços ao vôo mostra uma Lucrécia outra: não mais a moça fixada a olhar o subúrbio, nem a senhora casada – "intensamente feliz, arrastando-se" (p. 109) – na lentidão da estereotipia do casamento de aparato. Mas a mulher impetuosa que, desejando o homem, em astúcia de sedução ensaiará "uma dança ao redor dele, destinada a confundir" sua força (p. 139).

À primeira vista, de fato, "só as árvores" poderiam compreender o gesto com que ela arrancava o chapéu, liberando ao vento "os cabelos desfeitos". Uma leitura atenta perceberia, porém, que desde o início, na festa religiosa, o chapéu vinha constantemente constrangendo a cabeça caricata de Lucrécia. "Sob o chapéu", seu "rosto mal iluminado" "ora se tornava delicado, ora monstruoso" (p. 10). A importância atribuída a ele pela moça namoradeira se atesta no fato de que seus disfarces "não procuravam salientar o corpo mas os enfeites" (p. 32). O chapéu emblematizaria, assim, um corpo de algum modo *sitiado* enquanto vivência sexual. E que na ilha dos cabelos desfeitos vai se entregar ao jogo – não mais de cavalinhos de brinquedo girando em festa pública – mas de fogosos cavalos "avançando entre elas". Mas tudo alegoricamente.

A forma de leitura assim proposta – e que já se ensaiara no recitativo de Perseu – ajusta-se àquilo que parece ser a operação de linguagem peculiar à obra: a relação de descentramento ou deslocamento entre significante e significado.

Tal deslocamento existe em outros planos, por exemplo, no desajuste entre os capítulos e seus títulos. "O Morro do Pasto" nomeia a descrição de uma realidade que já não é mais a do mundo agrário, o qual aparece apenas lateralmente, indicando os confins da cidade. Esta, sim, é o espaço central onde se detém mais longamente o olhar descritivo. "A Estátua Pública", embora erija ao final uma Lucrécia monumentalizada em estátua, tem como processo descritivo central a tentativa da moça no sentido de se assimilar ao plano dos objetos, tentativa da qual a monumentalização é apenas uma parte. O capítulo "A Caçada" relata os encontros de Lucrécia com dois pretendentes. O termo *caçada*, que em outro plano de similaridades tem a importante função de adensar as relações analógicas entre a personagem e as coisas – aqui o animal – indica deslocadamente, pelo recurso à metáfora, a procura de marido[1].

O capítulo "No Jardim" extrema a distância entre título e assunto, na medida em que não trata de nenhum jardim *real* mas do sono da personagem. O termo tem o valor, puramente alegórico, de indicar deslocadamente o processo onírico. E assim repete, como aliás o faz a obra em geral, o funcionamento do próprio sonho. Lucrécia,

---

1. René Magritte, a propósito da relação de uma de suas telas com o título, *Les fleurs du mal*, afirma que ele "acompanha o quadro, como um nome corresponde a um objeto sem ilustrá-lo, nem explicá-lo." O quadro em questão mostra "a estátua de carne de uma moça que segura na mão uma rosa de carne". A referência a Baudelaire, aliada à ligação indireta do assunto da tela com o nome, permite compreender que as correspondências funcionam através de alusões sempre mais ou menos longínquas. Como se sabe, o procedimento é comum no surrealismo, que aí também adota o modo de operação do sonho. *Apud* Harry Torczyner, *René Magritte – Le veritable art de peindre*, Paris, Draeger, 1978, p. 112. A tradução é minha.

O MUNDO INDIRETO

[...] com um suspiro, deitou-se no jardim para repousar, repetindo o ritual. [...] Enquanto sonhara, já se passara muito tempo sobre o rosto... Os lábios de pedra haviam-se crestado e a estátua jazia nas trevas do jardim (p. 80).

Aqui o processo de deslocamento toma feição peculiar pois o sema *jardim* remete, a uma distância ainda maior que leva para além das fronteiras da obra, aos tantos jardins que na ficção clariciana funcionam como espaço de anulação da lógica do cotidiano. Entre o jardim botânico, de "Amor"; o jardim zoológico, de "O Búfalo"; e o jardim doméstico, de "Mistério em S. Cristóvão" há em comum o fato de fornecerem a ambiência para a irrupção de vivências turbulentas represadas, que são o avesso da estabilidade sempre precária da vida de todo dia. Em sentido semelhante, o jardim de *A Cidade Sitiada* faz aflorar a experiência onírica, o grande emblema do lado avesso em que se espelha e revê invertida a lógica diurna.

Na articulação da obra em capítulos é também por descentramento que as partes se organizam em totalidade. Algumas formas de arranjo – assimétricas, descentradas – são vislumbráveis. Se o parâmetro da divisão for o casamento como emblema da mudança de cidade, enfatizando o deslocamento entre Lucrécia e seu ambiente de origem; então as doze partes se dividem em duas, uma de sete, outra de cinco. Final do capítulo 7, fim da vida de solteira, Lucrécia "atingira uma idade" (p. 103). Mas, se a divisão tiver como parâmetro o ponto máximo de aproximação de Lucrécia ao estado de total aderência às coisas e ao corpo, então as doze partes encontram seu ponto de corte no capítulo 5, já referido como o lugar em que a obra, mais que Lucrécia, se revê em sonho. Nessa perspectiva, a divisão tanto poderia ser 7-5, como seu avesso, 5-7[2].

---

2. Como se sabe, os números têm para Clarice valor simbólico. Alguns são mais recorrentes. Além do 1, que é o indiviso e do 2, que indica a cisão primordial, há ainda o 3 e seus avatares. A trindade divina e humana: pai, mãe e filho – ou filha, no caso de Joana; o triângulo amoroso; os múltiplos

191

Entretanto, o parâmetro pode ser, ao contrário, a progressiva aproximação de Lucrécia, enquanto personagem, ao estado de interiorização relativa máxima para o propósito da obra. Nesse caso, o ponto liminar, divisor de águas, é o capítulo 10, "O Milho no Campo", que mostra não só Lucrécia dotada de um grau de subjetividade inexistente antes (e que ela não voltará a ter depois) como também, caso único na obra, um relativamente extenso adentramento na consciência de Lucas. Perguntando-se sobre a natureza da relação entre ele e Lucrécia, questionando seus temores e dificuldades (pp. 145 e ss.), Lucas não mais faz atuar somente a percepção, mas também uma reflexão mais complexa.

Em outro sentido ainda o percurso da obra atinge um limite em "O Milho no Campo". Aí se encontra Lucrécia *retornada* aos grandes sapos" (p. 139, grifo meu). Ao *ir para* o capítulo 10, também a obra *retorna* ao espaço de fecundidade e frescor de onde partira, no capítulo 1, "O morro do pasto". A ida se faz, espelhisticamente, como volta. Só que no início, o local da liberdade dos eqüinos é periférico. No capítulo 10, será central, aparecendo perifericamente a possibilidade de, naquele campo de milho, naquelas "terras onde o espírito era livre", a mulher recomeçar, fazendo "casas se erguerem, pontes se entrecruzarem arfando, usinas fantasmas funcionarem" (p. 142).

de 3 – 6, 9 ou 12; as reduplicações – os 33 estágios do calvário de G.H.. O 4 como emblema da pertinência ao mundo dos elementos e como signo de simetria. Mas também como a figura demoníaca que rompe o equilíbrio da trindade divina – o cavaleiro do diabo de "Mistério em S. Cristóvão", completando o conjunto das quatro máscaras paralisadas no jardim mágico. Em conseqüência, o 7 como soma de divino e humano, espírito e matéria. O 5 que em "A Quinta História" é alegoria do infinito. O 13 – os tiros que mataram Mineirinho; a soma dos seis contos de *Alguns Contos*, com outros sete, que compuseram *Laços de Família*; os subtítulos de *A Hora da Estrela*. Etc. Claire Varin faz da recorrência dos números uma espécie de fio condutor de seus comentários sobre a obra da escritora. Cf. o já citado *Clarice Lispector et l'esprit des langues*.

Como Lucrécia, a obra é atraída por um centro, mas de modo dúbio. Ora é o centro da vida agrária livre, que os habitantes estão em vias de perder com o progresso. Ora é o centro como apogeu da urbanização. Como Lucrécia – a obra mal atinge um centro e já ensaia a fuga. O movimento de deslocamento é contínuo: de volta da ilha, a moça recupera a máscara da estereotipia. E a narrativa, voltando aos dois capítulos finais, retorna ao tom distanciado e irônico do início e ao fascínio pela superfície das coisas.

Que centro buscaria Lucrécia? Seria o "silêncio do fogo", na festa do padroeiro? Sim, mas não. Nem bem se aproxima das chamas, dá-lhes as costas e foge. O sobrado da rua do Mercado, até onde ela se precipita, acuada pelo olhar da narradora? Sim, mas também não: pois a casadoura não quer outra coisa senão se ver livre da província. Seria, afinal, a metrópole? Sim e não. Um pouco mais habituada com Mateus e o casamento, pelo qual ansiava, ela prepara a volta ao subúrbio. De onde de novo parte para a aventura na ilha. De onde volta, mas só para, finalmente viúva, escapar-se do livro. No encalço de outra cidade, de outro marido, de outra Lucrécia: agora reduplicada em fotografia – sua objetivação em caroço, a salvação para a posteridade.

E onde estaria o centro do livro-periferia? Que na geografia descentrada de uma ainda-não-metrópole rediz o sonho profundo de uma escritura buscando o sempre esquivo *coração selvagem da vida*? Que não erige nenhum capítulo como momento de culminância especial, cada qual possuindo fisionomia própria e autonomia relativa. Cada um só sendo centro enquanto aponta para outro que o descentra. Onde estaria o centro dessa obra que ininterruptamente o desloca para adiante, até expulsá-lo para fora de suas fronteiras? Pois o "fim da construção" mais parece outro disfarce, como as badaladas do relógio, travestidas de tempo cronológico. A história de Lucrécia e dos habitantes não termina aí. Todos, até os cavalos, estão só esperando que se levante o sítio à cidade, para desertar. O fato de o novo pretendente, atrás de quem Lucrécia corre, ser o quinto homem de sua vida (depois de Perseu, Felipe, Mateus e Lucas) leva a lembrar que em "A Quinta História", o número cinco alegoriza a infinitude do eterno recomeço[3].

Ora, a questão do descentramento tangencia outra, já mencionada: a da natureza da linguagem. Um gesto percorre toda a obra, algumas vezes sitiando-a: o de apontar. Aponta-se com o rosto, a mão, o dedo, ou mesmo com um braço inexistente. E aqui a imagem é eloqüente. Distraída na penumbra da sala de visitas, Lucrécia vê figuras de uma revista – estátuas gregas:

> [...] uma delas talvez fosse apontar?...porém não tinha mais braço. E mesmo haviam-na deslocado do lugar que ela indicava com o toco de mármore que restara; cada qual deveria ficar na sua cidade porque, transportado, apontaria no vazio, assim era a liberdade das viagens (p. 63).

A imagem, alegórica, aponta para mais de um sentido. No plano da história, cifra e antecipa o que ocorreria depois de casada com a moça que se esmerara construindo e conhecendo a cidade, com o olhar. E que de volta da metrópole, já não reconheceria o subúrbio nem seria reconhecida por ele. No plano do discurso, aponta para a natureza mesma da linguagem metafórica como transporte sêmico. E aponta, sobretudo, para todas as imagens emblemáticas que, indiretamente, falam do próprio funcionamento da obra.

Perseu Maria – comendo tangerinas e cuspindo, e assim, enchendo a rua de "inúmeros caroços espalhados numa disposição que tinha um sentido flagrante – apenas que incompreensível" (p. 28) – opera como a linguagem da obra, tão carregada de enigmas,

---

3. Nesse final não convencional de *A Cidade Sitiada* já se vê uma preocupação, a que posteriormente Clarice dará feições mais complexas, de tematizar a recusa do fim tanto quanto do começo. *A Paixão Segundo G.H.* e *Uma Aprendizagem ou o Livro dos Prazeres* são exemplos de obras que começam pelo meio e terminam sem fecho.

O MUNDO INDIRETO

mas tão evidente. E rediz com seus caroços a natureza relativamente isolada dos capítulos dentro do livro. Lucrécia, por sua vez – preparando-se para passear com os pretendentes e se ocultando sob disfarces que enfatizam os enfeites e não o corpo – rediz o uso das marcas cronológicas e das fórmulas de narratividade como modo de disfarçar o tempo espacializado e cósmico, que é também o tempo do corpo. É ainda através de Lucrécia – enquanto pacientemente esfrega os dentes de um garfo, "uma roda pequena girando rápida enquanto a maior girava lenta – a roda lenta da claridade, e dentro desta uma moça trabalhando como formiga" (p. 85) – que o imaginário alegoriza a relação da personagem com a narradora, ambas girando na mesma engrenagem mas cada uma em ritmo diverso, já que distintos são seus âmbitos de atuação: a moça vendo a cidade de dentro; a narradora, distante, apanhando-a de fora.

Entretanto, é preciso distinguir duas modalidades do gesto indicial. Solteira, Lucrécia tem medo de ser apontada por Mateus, o futuro marido, o homem do "anel de brilhantes no dedo médio". Pois "seria imobilizada se esse dedo a apontasse" (p. 57). A imobilização mostra que, nesse caso, a indicação redunda na determinação espacial que, vinculada à situação do casamento de aparato, significa determinação sêmica, isto é, cristalização na estereotipia. Em *A Paixão Segundo G.H.*, o gesto manterá a significação de determinação e imobilização. Ao tentar fugir do quarto da empregada, G.H. tropeça. Percebe, então, que já não poderia sair:

[...] não que eu estivesse presa mas estava localizada. Tão localizada como se ali me tivessem fixado com o simples e único gesto de me apontar com o dedo...[4].

Outra modalidade do gesto é aquela em que não há somente delimitação mas, junto a esta, seu reverso: a indefinição. Na cena

4.   *A Paixão Segundo G.H.*, p. 33.

do contato corporal indireto entre Lucas e Lucrécia, mencionada anteriormente, ambos se tocam ao tocarem o tronco do castanheiro. O amor é então identificado com a "necessidade daquele gesto que apontava as coisas e, com o mesmo único movimento, criava o que nelas havia de desconhecido", identificação que, em seguida, esclarece também a natureza do olhar paciente de Lucrécia em assédio amoroso às coisas, "assim como olhara um objeto da casa para atingir a cidade: humilde, tocando no que podia" (p. 141).

Tais modalidades do apontar parece corresponderem a duas formas diversas de operação verbal. Pela primeira, que localiza e determina, a linguagem pode operar em regime de predicação pura, isto é, de tautologia – quando então se diz *o mesmo*: "o quadrado da janela era quadrado" (p. 135); "é alegre o sorriso alegre"; ou, em visão ainda mais perfeita, "a cidade é a cidade" (p. 88). Esse é, como se viu, o olhar descontextualizador com que Lucrécia criava novas e inusitadas formas de ver. Pois a operação tautológica, procurando o nome verdadeiro, buscando dizer que o que é, é, detém o fluxo temporal da linguagem, inscrevendo o ato de nomeação na eternidade do instante inaugural[5].

Reposta, porém, na temporalidade que flui para a desagregação, a palavra capturada já não é mais promessa de renovação mas, ao contrário, lugar-comum[6]. Se os olhos da Lucrécia solteira apreendiam o átimo de eternidade em que as coisas resplandeciam, inúteis, renovadas em seu isolamento; a boca da mulher casada – mergulhada na vida banal do progresso da metrópole, instalada "regiamente" num meio "favorável a um amadurecimento e a uma decomposição" (p. 109) – produzirá um acúmulo de frases

5. José A. M. Pessanha, *Clarice Lispector: O Itinerário da Paixão*, p. 194.

6. O processo pelo qual a linguagem resvala imperceptivelmente entre estados distintos de funcionamento se evidencia em *A Maçã no Escuro* onde o silêncio do início dá lugar à estereotipia final.

O MUNDO INDIRETO

feitas. Aprisionadas também, porém não mais na prisão do caroço e sim naquela da pedra. Frases com freqüência entre aspas, ou por aderirem ao bloco cristalizado da expectativa comum: "eu ia ao teatro quase sempre"; "casei no verão" (p. 112); "alcancei o ideal de minha vida" (p. 116); "tenho tudo o que sonho" (p. 117). Ou por pertencerem ao rol dos signos também comuns, mas em outra língua: o *"robe de chambre"*, o *"hall"* (p. 109).

A estereotipia surge, nesse contexto, como avesso da tautologia. Esta identifica a coisa, libertando-a do não essencial, para apreendê-la em seu vir-a-ser de caroço, aberta a todos os possíveis. Aquela se limita a retomá-la em estágio terminal, endurecida pelo hábito, gasta pelo uso. Mas se tautologia e estereotipia dizem *o mesmo*, ainda que com objetivos opostos, a alegoria é a operação verbal que procura *dizer o outro*. Neste ponto entretanto se fazem necessários alguns esclarecimentos sobre o conceito de alegoria e seu emprego como descrição do modo de operação de linguagem em *A Cidade Sitiada*.

O ensaio onde Benedito Nunes analisa essa obra evidencia desde o título a questão do alegórico. Ali se observa, entre outras coisas, que a cidade, com a qual se identificariam as personagens, seria mais "uma situação genérica personificada" do que "um meio social definido". Em conclusão, não teria *A Cidade Sitiada*,

> [...] enquanto crônica de um subúrbio em transformação, o sentido de uma forma de vida completa, que integre a experiência individual dos personagens. É uma alegoria das mudanças no tempo dos indivíduos e das coisas que os rodeiam. Lucrécia Neves personifica essa abstração romanesca[7].

A falta de uma "forma de vida completa" se refere à questão que, como se viu no capítulo 1, foi primeiramente posta por João Gaspar Simões: "símbolo ou alegoria?" Nessa configuração, o símbólico é identificado com visão de síntese e o alegórico com

7.   *O Drama da Linguagem*, p. 38.

mimese fragmentadora, além de convencional. A alegoria seria constituída por um plano de sentido primeiro, posto como veículo de um segundo, mais ou menos facilmente identificável e tido como o mais importante[8].

Como se sabe, a oposição entre alegoria e símbolo, em que o último é privilegiado como palavra propriamente estética, constitui-se no Romantismo, graças sobretudo a Goethe. Em sua obra, pela primeira vez, a contraposição entre simbólico e alegórico é posta no foco das considerações teóricas[9]. Entretanto para Solger, por exemplo – outro romântico a fazer do símbolo uma noção estética central – a alegoria não deve ser depreciada porque participa das mesmas qualidades do símbolo em sentido lato. Ambos se caracterizariam igualmente como reunião de contrários, mas de modos diversos. Enquanto no símbolo os contrários concordariam harmonicamente, na alegoria sua co-presença seria irredutível e desesperada. Além disso, embora os dois se encontrem em estado de devir constante,

> [...] a alegoria é sobretudo um dilaceramento e o símbolo uma união.../ ...Os contrários e o devir estão presentes num e noutro caso; mas a dualidade é mais forte na alegoria e mais harmoniosamente absorvida no símbolo[10].

8. Em nota de rodapé ao ensaio "Timidez do Romance", Antonio Candido assim formula essa concepção do alegórico: "...modo que pressupõe a tradução da linguagem figurada por meio de chaves uniformes, conscientemente definidas pelo autor e referidas a um sistema ideológico. Uma vez traduzido, o texto se lê como um segundo texto, sob o primeiro, e se torna tão claro quanto ele. Está visto, portanto, que o deciframento do código é altamente convencional, em relação a outros modos de ocultação de sentido, como o simbólico." *A Educação Pela Noite e Outros Ensaios*, São Paulo, Ática, 1987, p. 85.

9. Georges Lukács, "Alegoria y símbolo", *Estética*, Barcelona/México, D.F., Grijalbo, 1967, vol. 4, p. 423.

10. *Apud* T. Todorov, *Teorias do Símbolo*, trad. Maria de Santa Cruz, Lisboa, Ed. 70, 1979, col. Signos, p. 222. A obra de Solger citada por Todorov é *Vorlesungen über Aesthetic*, de 1829.

O MUNDO INDIRETO

Schelling aponta outro traço importante do alegórico. Nele haveria uma suspensão do tempo que obrigaria "a uma interpretação atemporal, ao passo que o símbolo tem uma parte ligada ao narrativo, logo, ao desenrolar temporal"[11]. Como se vê, tanto a solgeriana "co-presença irredutível dos contrários", perífrase que identifica o paradoxo; como a atemporalidade e a obstrução do narrativo pelo predomínio da descrição, de que fala Schelling, são características marcantes de *A Cidade Sitiada*. Sua condição de alegoria parece, assim, clara. Mas desde que se tenha em vista toda a complexidade dos traços do alegórico e que não se o reduza à condição de palavra não-poética[12].

Neste século, contra a retomada lukacsiana da tradição de desvalorização do alegórico, Walter Benjamin proporia sua revisão, ao se servir dele para caracterizar tanto a obra de Baudelaire como o drama barroco alemão. Além dos traços de atemporalidade, espacialidade, descritividade e fragmentação, Benjamin chama a atenção para uma peculiaridade do alegórico que nos recoloca na discussão do início deste capítulo, a saber, o fato de que nele "cada pessoa, cada coisa, cada relação pode significar qualquer outra"[13]. De fato, como se sugeriu com a interpretação da procura de um centro por Lucrécia, o signo em *A Cidade Sitiada* é feito de tal modo que o plano dos significantes, ao não apontar diretamente para a significação, ao estabelecer com ela liames frouxos, torna-a móvel.

11. T. Todorov, *Teorias do Símbolo*, p. 220.
12. No seu *Allégorie et histoire de la poésie*, Gayatri Spivak chega a afirmar a superioridade do alegórico. Pois, enquanto a poesia autotélica, identificada com o símbolo, procuraria reduzir ou dissimular a distância que separa o signo e o sentido, e que é constitutiva da natureza da linguagem, o discurso alegórico aumentaria essa distância, dando dela, por meio de seu princípio estrutural, uma representação. *Poétique* n. 8. Paris, Seuil, 1971, p. 427.
13. Walter Benjamin, *Origem do Drama Barroco Alemão*, pp. 196-197.

A propósito de *A Paixão Segundo G.H.*, Benedito Nunes diz ser esse um romance alegórico não no sentido que Dante dá ao conceito, mas no sentido indicado por Benjamin, em que tudo significa tudo[14]. Ora, o sentido da alegoria em Dante é semelhante àquele que Nunes atribui a *A Cidade Sitiada*. Para ele, pois, a alegoria enquanto palavra polissêmica não se encontraria na história de Lucrécia mas, sim, na de G.H. Aí ela estaria vinculada com a experiência relatada, no sentido em que, dada a "multivalência das imagens e conceitos que o relato do estado de êxtase une, tudo nesse texto é um cerrado jogo de aparências sob o império de penosa e perversa ambigüidade". Como prova, o crítico então cita a obra:

De agora em diante eu poderia chamar qualquer coisa pelo nome que eu inventasse: no quarto seco se podia, pois qualquer nome serviria, já que nenhum serviria. Dentro dos sons secos da abóbada tudo podia ser chamado de qualquer coisa porque qualquer coisa se transmutaria na mesma mudez vibrante[15].

Em *A Paixão Segundo G.H.* ocorreria a "fuga de um mesmo significado, através de uma cadeia metafórica formada por uma série de significantes". Tal "significado evasivo que nenhum desses significantes preenche" "se desloca através da representação insuficiente de cada um..."[16]. Isso esclareceria o fato de a narração caminhar

[...] à contra corrente da experiência narrada. É o *paradoxo egológico* desse romance: a narração que acompanha o processo de desapossamento do eu, e que tende a anular-se juntamente com este, constitui o ato desse mesmo eu, que somente pela narração consegue reconquistar-se[17].

14. "Introdução" à edição crítica de *A Paixão Segundo G.H.*, p. XXVI.
15. *A Paixão Segundo G.H.*, p. 63.
16. *O Drama da Linguagem*, cit., p. 75.
17. *Idem*, p. 76.

O procedimento alegórico, tal como definido por Benjamin, não se restringe porém a *A Paixão Segundo G.H.*. Ao contrário, sustenta a experiência de linguagem de *A Cidade Sitiada* e talvez esteja na lógica da escritura clariciana em geral. Àquele processo de fuga do significado corresponde aqui ao que chamarei de *promiscuidade sêmica*. Os exemplos são fartos, limito-me a alguns. Lucrécia *é* S. Geraldo: "E a moça já estava precisando, nas suas ruas de ferro, da força armada" (p. 52). É também cavalo, pois "mal saísse do quarto sua forma iria se avolumando e apurando-se, e quando chegasse à rua já estaria a galopar com patas sensíveis, os cascos escorregando nos últimos degraus" (p. 22). É, ainda, estátua:

> Na posição em que estava, Lucrécia Neves poderia mesmo ser transportada à praça pública. [...] Para que, coberta de limo, fosse enfim despercebida pelos habitantes e enfim vista diariamente com inconsciência. Porque era assim que uma estátua pertencia a uma cidade (p. 69).

E outros.

Mas o processo é cruzado e multilateral: os termos postos em identificação são vários. Assim, a cidade *é* um cavalo: "...o subúrbio invadindo em trote regular a sala?" (p. 67). É a casa: "A moça parecia ter tocado a campainha de outra cidade" (p. 12). É o corpo de Lucrécia; pois enquanto ela dormia "sob o sonho os motores do subúrbio não paravam, não paravam, a saliva escorria de sua boca aberta" (p. 78). É o mundo: "A cidade era uma manifestação. E no limiar claro da noite eis que o mundo era a orbe" (p. 49). É a alma: depois de percorrer a nova cidade, Lucrécia "se sentia cansada de percorrer a alma do esposo – que parecia se ter difundido por toda a cidade..." (p. 110).

O corpo, por seu lado, *é* a casa: "O que a moça via no sonho entreabria-lhe os sentidos como se abre a casa ao amanhecer" (p. 76). A cidade ou a sala *são* seres animados: "A sala... estava de olhos abertos, calmos" (p. 73). "A cidade permitiria que se apalpasse arrepiada sua pedra?" (p. 49). Por tal procedimento, aliás, a realidade do espírito, tida como abstrata, toma corpo e concretude. Por exemplo, concretizando-se como vento: "O espírito era o vento, o noroeste soprava com insistência..." (p. 60). Ou, como já se mencionou, como luz exterior: "O que era seu espírito ela ignorava. Talvez fosse a luz mal erguida da madrugada sobre os trilhos" (p. 24). Ou como ave: "Mas seu tosco espírito, como uma grande ave, se acompanhava sem se pedir explicações" (p. 87). Por essa via, desfaz-se a relação de alteridade como exclusão, já que corpo e espírito participam da mesma realidade.

E se Lucrécia é a cidade, tanto quanto Perseu e Efigênia o são. Se Perseu é uma ave, tanto quanto o espírito o é. Se Lucrécia é um cavalo, tanto quanto Felipe o é. Se a cidade é um cavalo e é o corpo, e o corpo é a casa, e a casa é a cidade que é a orbe. Então, tudo é tudo.

Como procedimento retórico, a alegoria descrita e exemplificada acima põe em destaque a realidade da escritura. A promiscuidade sêmica ocorre no plano do discurso enquanto produto da enunciação. Assim, de algum modo se relativiza a experiência narrada em que as personagens fragmentam a realidade, criando cacos de significação. Ora produzindo-a em estado de semi-inconsciência, como faz Efigênia. Ora recitando irrefletidamente, caso de Perseu. Ora pelo olhar com que Lucrécia reparte o cenário da sala em vários pedaços isolados. Ora pela repetição automatizada de lugares-comuns, as frases da moça, ao se integrar à vida estereotipada da metrópole.

Se em *A Paixão Segundo G.H.* a alegoria visa a conformar o paradoxo criado no confronto entre a experiência extática e seu relato; em *A Cidade Sitiada*, ela é o modo como a enunciação vai contra a corrente da experiência vivida pela personagem, experiência fragmentadora, tendente à construção de uma realidade em ruínas. Lucrécia constrói seu mundo como constelação de caroços isolados. De sua parte a narradora, relacionando-se com a personagem espelhisticamente, ora se identifica com ela, como quando constitui cada capítulo como realidade até certo ponto fechada sobre si; ora a estranha, quando então, pelo teor alegórico de sua linguagem, promove a circulação do sentido. Se Lucrécia diz que "a cidade é a cidade", a narradora responde que a cidade é Lucrécia, é Perseu, é cavalo e corpo, e pedra e casa e mundo. Desse modo se garante a fluidez pela qual o caroço, rígido embora, não seja pedra encerrada no Em-si bruto, mas germe de sua própria transubstanciação em fruta.

Mas tal circulação sêmica não se realiza na horizontalidade da cadeia sintagmática. Esta ao contrário, como se viu, é obstruída em vários níveis. Realiza-se, verticalmente, pela proliferação incessante dos paradigmas. Dito de outro modo e apelando para a formulação jakobsoniana da função poética: a seqüência é construída com base não na contigüidade mas na similaridade[18]. Ao se dizer, por exemplo, que "o subúrbio" invadia "em trote regular a sala"; ou que quando Lucrécia "chegasse à rua já estaria a galopar com patas sensíveis", no lugar de "cavalo", aparecem "subúrbio" e "Lucrécia". A operação é metafórica, mas o que se realiza é um deslocamento. Nas palavras de Lacan,

[...] a chispa criadora da metáfora não brota por pôr em presença duas imagens, quer dizer dois significantes igualmente atualizados. Brota entre dois significantes dos quais um substituiu o outro tomando seu lugar na cadeia significante, enquanto o significante oculto continua presente por sua conexão (metonímica) com o resto da cadeia[19].

---

18. Roman Jakobson, *Lingüística e Poética. Lingüística e Comunicação*, 2ª ed., trad. Isidoro Blikstein e José P. Paes, São Paulo, C1ultrix, 1969, p. 130.

19. Jacques Lacan, "*La Instancia de La Letra en el Inconsciente*", *Escritos I*, trad. Tomás Segóvia México, Siglo XXI, 1972, p. 192. A tradução para o português é minha.

É isso o que diz, deslocadamente, a imagem da estátua grega sem braço que, deslocada, aponta no vazio. Ao se inflar de imagens equivalentes, não atualizadas mas potenciais, o discurso ganha na força alusiva o que perde na da articulação da contigüidade. Fica denso de conotações e frouxo nas conexões, o que facilita a operação de deslocamento e explica a tão reiterada referência à natureza indireta das relações. O dedo – deslocado – indica o vazio. Mas não o da esterilidade e sim, o da clareira aberta para a vertiginosa proliferação sêmica[20].

A Paixão Segundo G.H. e *A Cidade Sitiada* são experiências paradoxais de escritura. Aquele querendo agonisticamente relatar a vida que, no entanto, "não é relatável". Este evidenciando duas experiências cruzadas: a de captura da coisa num estágio de virtualidade atemporal – tentando resgatar para a condição de potência aquilo que, no entanto, posto no tempo do progresso – o fluxo mortal que tudo arrasta –, está fadado ao apodrecimento. E a outra experiência, da enunciação, em que a narradora – repetindo a personagem – fragmenta o relato, afrouxando a função contextual. Mas ao mesmo tempo se utiliza da alegoria para fazer circular o sentido, repondo o caroço no solo em que apodrecerá, depois de fruta.

O procedimento alegórico pelo qual tudo pode significar tudo parece então manifestar, no plano da escritura, aquele desejo de construir a relação de alteridade pautada pela reversibilidade. Não só a que faz com que um significante seja um *mesmo* mas também um *outro*. Mas a que opera o cruzamento da experiência de uma personagem "corpo" com a de uma narradora "espírito". Que en-

---

20. Sobre o vínculo entre alusão e proliferação, diz Roberto Correa dos Santos que "aludir, em Clarice é mais que o construir via um *como se*; é o meio porque a linguagem prolifera, criando o incessante *em torno de*." *Clarice Lispector*, p. 75.

O MUNDO INDIRETO

tão não mais sobrevoa o visto, mas habita com ele o *mesmo* mundo, onde corpo e espírito – enquanto *outros* um para o outro – são diferenciações da *mesma* matéria.

A *Cidade Sitiada* institui, entre "pessoas" e "coisas", relações interobjetivas graças ao predomínio da exterioridade visível. Mas uma vez que a circulação do sentido apaga as diferenças excludentes, a exteriorização de coisas e pessoas se reverte em vínculo de intimidade e intersubjetividade. É Clarice quem diz:

> [...] eu estou, como a própria realidade, dos dois lados. É que o mundo exterior tem também seu *interior*, daí a questão, daí os equívocos.[...] A palavra *dicotomia* é uma das mais secas do dicionário[21].

—◆—

21. Trecho de resposta em entrevista publicada pelo *Jornal do Brasil* em 18.9.1963. *Apud* Claire Varin, *Clarice Lispector – rencontres brésiliennes*, Québec, Ed.Trois, 1987, p. 149. A tradução é minha.

6

Olho o Ovo

Se Eva perdeu a humanidade comendo um fruto, a atitude inversa, olhar um fruto sem comê-lo, deve ser a que salva.

SIMONE WEIL

...lembra-te que eu comi do fruto proibido e no entanto não fui fulminada pela orgia de ser....isso quer dizer que me salvarei ainda mais do que eu me salvaria se não tivesse comido da vida...

A Paixão Segundo G.H.

Em 1964 Clarice publicou dois de seus mais importantes livros: *A Paixão Segundo G.H.* e *A Legião Estrangeira*, este coligindo contos e crônicas. A época coincidia aproximadamente com uma modificação na tônica da crítica sobre a escritora, até então basicamente preocupada com seu parentesco com os principais romancistas do fluxo de consciência e com os aspectos inovadores de seu trabalho de linguagem literária. Inaugurava-se o interesse pelo cunho existencialista da obra, sublinhando-se-lhe a

CLARICE LISPECTOR: UMA POÉTICA DO OLHAR

natureza de indagação metafísica. Restringindo os exemplos aos críticos de visada filosófica, cito o clássico estudo de Benedito Nunes, confrontando o existencialismo de Clarice com o de Sartre, e localizando na natureza mística da busca da escritora sua diferença com relação ao filósofo. E o ensaio de José Américo Pessanha, *O Itinerário da Paixão*, chamando a atenção para a experiência de confronto com o Ser que, desde as primeiras obras de Clarice, culminava na radical aventura de G.H.

Como se sabe, são já muito numerosos os ensaios sobre *A Paixão Segundo G.H.* E o fato de ter sido essa obra escolhida para compor a coleção Arquivos, da UNESCO, atesta um sucesso de crítica que faz dela, ao menos dentre os escritos mais longos, a grande realização de Clarice. Em contrapartida "O Ovo e a Galinha", texto aparentado àquele em vários aspectos, pouco foi explorado[1]. Em parte por ter chegado ao conhecimento do público ao mesmo tempo em que os demais "contos e crônicas" de *A Legião Estrangeira* e pouco depois da primorosa coletânea de contos, *Laços de Família*. Desse volume, a crítica e o público elegeram o que acabou constituindo uma espécie de cartão de visita da produção clariciana: "Amor", "O Búfalo", "Feliz Aniversário", "O Jantar", "A Menor Mulher do Mundo", "O Crime do Professor de Matemática" etc. E de *A Legião Estrangeira* destacaram-se, além do conto que dá nome ao conjunto, "Os Desastres de Sofia" e "A Quinta História". Tais escolhas, em geral, incidem sobre trabalhos mais facilmente assimiláveis tanto pela pertinência a modelos literários prévios, quanto pelos temas e modos de tratamento.

No caso de "O Ovo e a Galinha", ao contrário, a própria escritora testemunha-lhe a estranheza. Se vários trabalhos mereceram

---

1. O texto consultado está na edição de *A Legião Estrangeira* referida no início. Daqui em diante, ao citá-lo, fornecerei apenas indicação de página entre parênteses.

208

OLHO O OVO

dela reflexões, comentários e justificativas[2], mais de uma vez ela disse não entender aquele texto. Para participar do Congresso Mundial de Bruxaria de 1976 em Bogotá, Clarice escrevera de início "Magia", onde se lia que "os fenômenos naturais sobretudo é que são os mais mágicos". Ao invés dele, entretanto, acabou apresentando "O Ovo e a Galinha". Nada mais natural do que a visão de um ovo, "de manhã na cozinha sobre a mesa". E – olhado por uma *bruxa* – nada mais mágico[3].

Dentre as esparsas referências críticas ao texto, há a mencionar "La Mise en oeuvre de l'oeuf d'art"[4], de Hélène Cixous, salientando a potência clariciana de nomeação da coisa viva (entendida como o outro), no puro presente de sua aparição Por sua vez, Haroldo de Campos fala do "ovo-enigma" como "emblema por excelência...no seu tautológico resplendor de escultura brancusiana, de uma escritora que interiorizou o escrever como destino absoluto". E Olga de Sá, no mencionado trabalho sobre a escritura de Clarice, incluiu o ovo no contexto das referências aos vários ícones claricianos: a víbora e o cavalo em *Perto do Coração Selvagem*, "ícones da vida que se afirma pela maldade e pela liberdade"; o chapéu do afogado, em *O Lustre*, ícone "do destino de Virgínia, identificada depois de morta pelo chapéu marrom"; o ovo, "ícone da ecritura clariciana"[5]. Exem-

2. Na crônica "A Explicação Inútil", incluída em *A Legião Estrangeira* (pp. 172-176), Clarice fala sobre as circunstâncias de elaboração dos contos de *Laços de Família*. E em várias das crônicas do *Jornal do Brasil* se refere a outras obras suas.

3. Olga Borelli acrescenta que esse era considerado pela autora "o conto mais hermético e, paradoxalmente, o mais compreensível e envolvente que deixou". *Esboço para um Possível Retrato*, p. 57.

4. Esse é o subtítulo de um trecho do já citado ensaio de Cixous, *L'approche de Clarice Lispector*, pp. 413-415.

5. As citações de Olga de Sá estão na obra mencionada, pp. 258-262. E as de Haroldo de Campos no "Prefácio" à mesma obra, p. 15.

209

plos que enfatizam a semelhança entre significados e que por isso se configuram melhor como metáfora do que propriamente como ícone, se se quiser enfatizar nesse, o mimetismo do significado pela materialidade do significante. Zizi Trevisan destaca na imagem do ovo, recorrente na obra de Clarice, significados culturais amplos: a simbologia da fertilidade, do princípio da vida e de sua precariedade[6]. A abrangência dessa leitura, entretanto, acaba não dando conta da especificidade da rede sêmica desenhada em "O Ovo e a Galinha". E sobretudo deixa escapar o que com certeza será a preciosidade do ovo-hieroglifo: sua natureza de signo móvel que desdiz um sentido no mesmo momento que o evoca.

O período de elaboração de "O Ovo e a Galinha" coincide aproximadamente com o de *A Paixão Segundo G.H.* Tanto o suposto "conto" quanto o suposto "romance" (ou "novela"), têm algo mais em comum, além da dificuldade de enquadramento em alguma das classificações de gênero. Do ponto de vista do tema dominante, ambos tratam do enfrentamento direto, insistente e demorado de um olhar desnudador que – incidindo sobre o que de início se põe como objeto de olhar, barata ou ovo – escava na verticalidade arqueológica uma dada realidade, para sondar a amplitude do seu espaço sêmico, ao mesmo tempo em que atualiza uma pluralidade de significados virtuais. Ambas as obras tematizam diretamente a natureza e os limites da linguagem, e o fazem através da mediação visual e oral entre sujeito e mundo, oralidade configurada diversamente em cada caso[7].

---

6. Zizi Trevisan, *A Reta Artística de Clarice Lispector*, São Paulo, Pannartz, 1987, p. 117.

7. Pela natureza própria da escritura de Clarice, feita de reversibilidades e entrecruzamentos, esses dois textos se aparentam também pelo menos – e cada qual a seu modo – com "A Quinta História". Além disso, a operação textual de "O Ovo e a Galinha" é retomada posteriormente em

OLHO O OVO

A polaridade, que em "O Ovo e a Galinha" se configura como olho contra ovo, reitera-se até a dissolução, quando a relação se inverte e os polos se fundem: o ovo olha o olho que o olha: "O ovo me vê. O ovo me idealiza? O ovo me medita? Não, o ovo apenas me vê" (p. 56). Mas pelo recurso à paronomásia *olho-ovo* – "olho o ovo com um só olhar" (p. 55) –, a proximidade fônica e gráfica dos significantes sugere o parentesco dos significados, tornando aquela polaridade, de saída, fadada à dissolução. De modo semelhante, diz G.H.: "O mundo se me olha. Tudo olha para tudo. [...] A barata com a matéria branca me olhava". O branco da exterioridade do ovo, cruzando-se com o da interioridade da barata reitera seu parentesco espelhístico e chama a atenção para a promiscuidade sêmica das imagens, declarada no "tudo olha para tudo". Que não se pode deixar de aparentar ao signo alegórico de *A Cidade Sitiada* pelo qual, como se viu, tudo significa tudo.

Ora, a um dado momento do enfrentamento com os olhos da barata, os de G.H. vêem *ovários*: "Os dois olhos eram vivos como dois ovários. Ela me olhava com a fertilidade cega de seu olhar"[8]. Também o olhar desvelador de G.H., ao ampliar prodigiosamente as possibilidades de sentido do que vê, atua como ovário, lugar privilegiado da proliferação incessante. Além disso, pela analogia olhos-ovos/ovários sugere-se a destruição não somente da oposição entre sujeito e objeto mas também daquela entre a parte *nobre* do corpo – os olhos como metáfora do espírito – e sua parte *pobre*, sede da reprodução sexuada. A paródia do texto bíblico, a comunhão sacrílega com a carne da barata, aparece então como modo de fusão entre o baixo e o elevado, entre profa-

"O Relatório da Coisa", onde o papel do ovo cabe ao relógio, o "sveglia". *Onde Estivestes de Noite*, pp. 75-85.

8. *A Paixão Segundo G.H.*, pp. 43 e 50.

no e sagrado. Algo que também ocorre em "O Ovo e a Galinha" ao se apresentar o ovo como metáfora de deus.

Entretanto, a par com as semelhanças, vai uma das diferenças fundamentais entre *A Paixão Segundo G.H.* e "O Ovo e a Galinha". A experiência de G.H. só é como é porque o olhar se fundiu com o paladar, a carne da barata sendo avesso, alimento e condição de possibilidade da visão-escritura. Esta é conformada pela oralidade em mais de um aspecto. Não só por se construir como fala, G.H. inventando a mão que a escuta. Mas ainda por ser oral a prova da carne da barata, experiência que torna possível a encarnação da escritura e seu enraizamento no espaço além-linguagem, do qual ela vem (os travessões no início do relato sinalizam o advento) e para o qual volta (os do final, marcam-lhe o retorno).

Em "O Ovo e a Galinha", a vidente, também falante, sabe que precisa "da gema e da clara" (p: 56). Mas sabe também que o olhar fenomenológico necessita trabalhar em regime de redução. Que o mundo sensível – o das galinhas, mães e crianças famintas – é a realidade primeira, à qual ela aos poucos adere; mas só para voltar, ao fim, ao êxtase visionário do ovo. A distinção assim configurada encontra confirmação icônica precisa. A paronomásia-avatar de *ovo* é *olho*, realidade de visão. A de *barata*, *batata* – alimento. "Pois minha raiz, diz G.H., que só agora eu experimentava, tinha gosto de batata-tubérculo, misturada com a terra de onde fora arrancada"[9].

───────◆───────

Já no primeiro parágrafo, curto e incisivo, "O Ovo e a Galinha" fornece indicações precisas de tempo, espaço, sujeito, objeto e seu modo visual de relacionamento. Na primeira edição de *A Legião Estrangeira*, a fórmula adotada era a de um sujeito que, embo-

---

9. *A Paixão Segundo G.H.*, p. 106.

OLHO O OVO

ra em elipse, afirmava-se perante o objeto: "De manhã na cozinha sobre a mesa vejo o ovo". Na republicação pelo *Jornal do Brasil*, Clarice preferiu dar o lugar de sujeito ao ovo, apagando as marcas do(a) falante-vidente: "De manhã na cozinha sobre a mesa está o ovo"[10]. O que mostra a importância da paulatina operação subseqüente de dessubstancialização do sujeito, culminando com a possibilidade de identificar olho e ovo como produtos de linguagem.

Tal identificação se dá desde a exploração inicial simultânea da natureza e possibilidades do olho e do ovo. Inscrito primeiramente na contingência da *pessoa* que de manhã se encontra na cozinha, o(a) falante em seguida se reveste da condição oscilante entre a individualidade de um "eu" e a impessoalidade das frases afirmativas ("Só vê o ovo quem já o tiver visto"), negativas ("Não se pode estar vendo o ovo") ou constituídas pelo infinitivo ("ver o ovo", "olhar o ovo"). Essa oscilação abre o caminho pelo qual posteriormente o "eu" será referido à espécie – "quando eu era antiga" (p. 55) –, e ao coletivo – "nós, agentes disfarçados" (p. 61). Ou se esvaziará, revelando-se como puro ser de linguagem: "a que não sabia que "eu" é apenas uma das palavras que se desenha enquanto se atende ao telefone" (p. 60). A metamorfose corre junto com a revelação da impessoalidade do ovo – "individualmente ele não existe" – tanto quanto de sua natureza de artefato verbal.

O ovo é figurado sobre o fundo da experiência temporal. Não é ato presente, pois sua atualização é a galinha, mas lembrança passada ou promessa futura: "Ver um ovo nunca se mantém no presente: mal vejo um ovo e já se torna ter visto um ovo há três milênios. Ver o ovo é a promessa de um dia chegar a ver o ovo". Por outro lado, seu encontro com a voz que o fala se dá num interstício de tempo ("olhar curto e indivisível", p. 55), o qual constitui um presente a-temporalizado, amplificado por procedimen-

10. *A Descoberta do Mundo*, p. 313.

213

CLARICE LISPECTOR: UMA POÉTICA DO OLHAR

tos vários de generalização e abstração; por exemplo, o acúmulo de verbos no presente do indicativo simples, forma não marcada temporalmente. Presente que, por isso, desborda as fronteiras de passado e futuro, assimilando a qualidade do tempo exemplar da gênese, que faz com que *um* ovo seja *o* ovo. Afinal, ovo é começo: "A você dedico o começo. A você dedico a primeira vez" (p. 56) [11].

Por seu turno o olhar, como instrumento de captura, é contingência a ser abandonada depois de usada, assemelhando-se à palavra, tal como aparece em "A Pesca Milagrosa": "...a palavra (olhar) pescando o que não é palavra (ovo).[...] Uma vez que se pescou a entrelinha, podia-se com alívio jogar a palavra fora" [12]. A fala sobre o ovo se revela como excesso: verborragia. Tanto quanto é um contra-senso, para Wittgenstein, o discurso filosófico, quando tenta dizer o que se pode ou não enunciar, devendo a escada-discurso ser jogada fora depois de se subir por ela [13].

A referência a Wittgenstein abre caminho para a abordagem de um aspecto importante de "O Ovo e a Galinha": sua natureza de paródia de discurso filosófico. O que se faz claramente, por exemplo, na citação subvertida da proposição cartesiana: "Será que sei do ovo? É quase certo que sei. Assim: existo, logo sei" (p. 56). Para mimetizar tal discurso, o método de investigação escolhido não é o da reflexão sistemática mas o do tratado. E aqui é preciso ter em mente não o sentido dicionarizado em que *tratado*

---

11. José Miguel Wisnik observa que logo depois de um primeiro momento de "coincidência feliz entre o olhar e a coisa", abre-se uma "falha geológica" quando então "o olho cai em falso entre as margens do real, entre o que olha e o que é olhado." "Iluminações Profanas (Poetas, Profetas e Drogados)", *O Olhar*, São Paulo, Companhia. das Letras, 1988, p. 286.

12. *A Legião Estrangeira*, p. 143.

13. Conferir entrevista de Luis Henrique Lopes dos Santos, tradutor e comentador do *Tractatus*, ao suplemento Cultura de *O Estado de S.Paulo*, de 27.3.1993.

OLHO O OVO

significa ordenação sistemática de um assunto[14], mas a peculiar concepção benjaminiana que nele vê o método por excelência do texto filosófico. "Método é caminho indireto, desvio", diz Benjamin, preparando seu leitor para o traçado fragmentário, desviante, de sua *Origem do Drama Barroco Alemão*, traçado que em muito se assemelha à alegoria clariciana, encontrada em *A Cidade Sitiada* e que ora retorna[15].

Se o compromisso do filósofo com a verdade, continua Benjamin, fôr o de resguardar a beleza própria dessa verdade, deverá admitir que ela é "simples fulguração", um "brilho que seduz, desde que não queira ser mais que brilho". Também Clarice afirma, sem saber que faz coro com o escritor alemão, que "beleza é assim mesmo, ela é um átimo de segundo, rapidez de um clarão e depois logo passa"[16]. Não deverá então a filosofia trabalhar como sistema, pois estará arriscada, diz Benjamin, a se instalar "num sincretismo que tenta capturar a verdade numa rede estendida entre vários tipos de conhecimento...". Se, ao contrário, quiser manter a fidelidade à lei de sua forma e se tiver consciência do "Ser indefinível da verdade", deverá escolher o tratado.

Renunciando à intenção, fazendo do desvio seu caminho próprio, o tratado continuamente se move:

> [...] incansável, o pensamento começa sempre de novo, e volta sempre, minuciosamente às próprias coisas. Esse fôlego infatigável é a mais autêntica forma de ser da contemplação. Pois ao considerar um mesmo

---

14. *Dicionário Brasileiro da Língua Portuguesa – Mirador Internacional*, SãoPaulo, 1975, p. 1736.

15. Agradeço a Willi Bolle a confirmação de que Benjamin propõe uma reformulação do conceito de tratado, aliás primeiro assunto discutido na *Origem do Drama Barroco Alemão*.

16. *Um Sopro de Vida*, p. 44.

215

objeto nos vários estratos de sua significação, ela recebe ao mesmo tempo um estímulo para o recomeço perpétuo e uma justificação para a intermitência de seu ritmo. Ela não teme, nessas interrupções, perder sua energia...[17].

Dificilmente se encontrariam palavras mais adequadas para comentar "O Ovo e a Galinha".

Da opção pelo tratado resulta, no texto clariciano, a quase ausência das articulações complexas da subordinação. Cada proposição isolada, em sua atmosfera de assertiva completa em si mesma, constitui com as demais um conjunto assemelhado ao mosaico, um aglomerado monadológico de proposições-ovos com que o texto se abarrota, da mesma forma como "a Lua é habitada por ovos" (p. 56).

Por outro lado, se o tom das frases descritivas do ovo as afeiçoa às formulações axiomáticas, ambiguamente as aparenta também ao modo primário (e primeiro) do uso verbal, função fática pela qual a criança, repetindo, ensaia o manejo da significação: "O cão vê o ovo? Só as máquinas vêem o ovo. O guindaste vê o ovo" (p. 55). Frases com cara de *tontas*, não muito longe das esquisitas perguntas e comentários de Macabéa – "você sabe se a gente pode comprar um buraco?"; ou "eu vou ter tanta saudade de mim quando eu morrer"[18] – que disfarçam pela estupidez o desejo de reflexão radical.

O recurso à asserção ou predicação negativas – "não se pode estar vendo um ovo", "ver o ovo nunca se mantém no presente", "o ovo não tem um si-mesmo. Individualmente ele não existe" – alinha o texto na tradição da apofática. Para essa, toda predicação

---

17. *Origem do Drama Barroco Alemão*, pp. 50-53.

18. *A Hora da Estrela*, pp. 57 e 62, respectivamente.

OLHO O OVO

e por extensão toda linguagem, não sendo adequada para nomear a essência divina só pode aproximar-se dela por atribuições negativas, apofáticas, essas sim capazes de levar à "intuição silenciosa de Deus"[19]. Das várias teologias negativas, há experiências exemplares: uma certa tradição platônica e neoplatônica; os escritos de Dionísio, o Areopagita; e modernamente, Wittgenstein.

Clarice parece citar as três tradições. Já se mencionou Wittgenstein. O platonismo aparece, porém subvertido, na sugestão de que o ovo é *eidos* ou essência, na verdade super-essência : invisível para o olhar do corpo, "o ovo é supervisível como há sons supersônicos"; ele é ainda "invisível a olho nu". Só que quem o vê é justamente o ser sem alma – "Ninguém é capaz de ver o ovo. [...] Só as máquinas vêem o ovo". De Dionísio, o texto aproveita as recorrentes descrições negativas; e assim como nele a busca da essência é busca de Deus, também o ovo se torna avatar da divindade: "de ovo a ovo chega-se a Deus".

Entretanto, se as várias predicações negativas são a apofática em chave de paródia (uma vez que no lugar de deus está o ovo), não é o procedimento da negação que define em última instância o olhar fenomenológico desvelador e sim os paradoxos que constróem o ovo como lugar de vacância do sentido, no qual por isso todos os sentidos cabem. São recorrentes os exercícios de preenchimento do ovo-vazio com um novo significado. O ovo é, por exemplo, astro extinto: "como a luz da estrela já morta, o ovo propriamente dito não existe mais". É "coisa suspensa" e também "uma exteriorização". É "a alma da galinha" tanto quanto "um projétil parado". É "um dom", "um triângulo que tanto rolou no espaço que foi se ovalando", "um jarro etrusco", um desenho na areia. Por isso é que "de ovo em ovo chega-se a Deus". Ovo e

19. Jacques Derrida, "Comment ne pas parler", *Psyché: Inventions de l'autre*. Paris, Galillé, 1987, p. 536. A tradução é minha.

deus são assimiláveis graças a ser o ovo, em última instância , artefato lingüístico exemplar.

"Deus, diz Gérard Pommmier, é apenas o nome que o homem pode inventar para explicar a si mesmo o conjunto de fenômenos que regem à sua revelia sua existência."

E ainda:

[...] "todas as palavras se definem por outras palavras, com exceção daquela da divindade, suposta responder pela vacância comum a elas... Deus é assim o nome de empréstimo da ausência de nome, recobre o furo dos símbolos linguageiros, incapazes de se definir por si mesmos[20].

Para a apofática, o nome de Deus "conviria a tudo aquilo que não se deixa abordar, aproximar, designar senão de modo indireto e negativo"[21].

Se no *Tractatus* Wittgenstein dissera que "há seguramente o inexprimível" e que "este se mostra, é o elemento místico"[22]; aludindo a essas palavras dirá Pommier que "o élan místico é indizível porque se apóia num Nome que pretende escapar às regras da linguagem" e também porque "se funda sobre a falta de uma palavra que diria tudo... Essa aspiração a uma falta que o nome de Deus designa é desejo"[23]. José Miguel Wisnik lembra que é na modernidade dessacralizadora que se funda a divergência entre a visão vertiginosa que o sagrado denomina *deus*, e a que profanamente se chama *vazio*[24].

20. Gérard Pommier, *A Exceção Feminina*, Rio de Janeiro, Jorge Zahar, 1987, pp. 65-67.
21. "Comment ne pas parler", p. 538.
22. *Apud* Derrida, *op. cit.*, p.544.
23. *A Exceção Feminina*, p.65-67.
24. "Iluminações Profanas (Poetas, Profetas e Drogados)", *op. cit.*, p. 297.

OLHO O OVO

Para Clarice, *deus*, tanto quanto o ovo, pode significar várias coisas: "o alcance do si-mesmo para o sem matéria", "o encontro de si mesmo com o próprio mistério de si", "o apuramento do sonho" e "a capacidade de uma pessoa de se livrar do peso do si-mesmo". Mas sobretudo, Deus "é o que o dicionário não explica". Breve, ele "talvez não passe de um *deus*. Isto é: nada"[25]. Palavras em que ressoam as de outro místico, Mestre Eckart, para quem tem pouca importância o modo como representamos essa "outra coisa" que transcende os limites comuns. Coisa tão profundamente ilimitada que não é uma coisa: é nada[26].

O ovo-vazio é, então, icônico, no sentido mencionado acima: a materialidade gráfica reitera a letra que desenha a ausência, sendo, assim, o símbolo matemático do zero: OvO. Além disso, sua natureza palindrômica mostra que fora da circularidade nada há. O ovo traça circularmente o vazio onde tudo está. Se a galinha "é a contradição de um ovo", se "o ovo é a alma da galinha" e se "o corpo da galinha é a maior prova de que o ovo não existe", o entrecruzamento generalizado de sentidos impede repropor tais oposições como confronto puro e simples entre alma e corpo. E não só porque esse ovo-essência é também "uma exteriorização", "um ovo no espaço", algo portanto que se dá a ver, visível, além de invisível. Mas porque ele traz inscrito no visível de sua própria materialidade corporal, o invisível de seu sentido.

Merleau-Ponty diz que

[...] se o corpo exprime a cada momento as modalidades da existência, ver-se-á que não é do mesmo modo como os galões significam a

---

25. Olga Borelli, *Esboço para um Possível Retrato*, pp. 37-39.
26. Georges Bataille, *La Literatura y el Mal*, Madrid, Taurus, 1971, p. 46. A tradução para o português é minha.

graduação ou como um número designa uma casa: o símbolo aqui não indica apenas sua significação, ele é habitado por ela, ele é, de certa maneira, o que ele significa...[27].

O ovo é interior e também exterior. De modo paralelo e cruzado a galinha, sendo principalmente um corpo, tem no entanto "muita vida interior... A nossa visão de sua vida interior é o que nós chamamos de *galinha*". Isso significa que, se no plano do significado, a galinha poderia ser o símbolo corpóreo de um ovo incorpóreo, enquanto seres de linguagem, *ovo* e *galinha* são corpo e significante de significados cambiantes. Não é casual aliás que o texto, na qualidade de grande fala – como corpo verbal portanto – seja visto ao final como disfarce do indizível, revelado obliquamente pela verborragia da falante: "*Falai, falai*, instruíram-me eles. E o ovo fica inteiramente protegido por tantas palavras".

Num certo sentido, o traçado textual é dado pela duração do exercício visual que trata de apreender o invisível oferecendo-se indiretamente, através da visibilidade do que é *ex-posto*. Mas essa duração tem ritmo peculiar. O que, em termos do desenho total, deixa entrever que o texto também é iconizado pelo ovo. Aqui é preciso ir por partes.

Posto no mesmo campo de visibilidade daquilo que vê e que a vê, a falante – vidente e visível – mimetiza o ovo visível-vidente, ambos entrelaçados num jogo ininterrupto de reversibilidades. O ovo é simultaneamente não-individualidade e particularidade; interioridade – alma ou clara e gema – e exterioridade – corpo ou casca; tempo e eternidade – "ovo por enquanto será sempre revolucionário". Assim também, a falante ora é *pessoa* – que quebra ovos para a refeição matinal das crianças –, ora a *impessoa* das

---

27. *Fenomenologia da Percepção*, p. 172.

OLHO O OVO

assertivas filosofantes, construídas por um simulacro de sujeito transcendental, que fabrica uma representação verbal do mundo literalmente *ab ovo*. Ora está no tempo – a manhã em que vê o ovo e depois o quebra na frigideira – ora fora dele: "Quando eu era antiga fui depositária do ovo... Quando morri, tiraram de mim o ovo com cuidado".

A falante é o ovo e também seu avesso, a galinha. Já se viu que a partir do esboço de uma *pessoa* posta de manhã na cozinha chega-se a um *eu*, puro signo "que se desenha enquanto se atende ao telefone, mera tentativa de buscar forma mais adequada". Mas a galinha também, "continua sendo redesenhada"; para ela "ainda não se achou a forma mais adequada". Por isso, "enquanto meu vizinho atende ao telefone ele redesenha com lápis distraído a galinha" (pp. 59-60). A transformação progressiva da falante coincide com sua progressiva identificação com a galinha.

Esboçam-se assim dois movimentos paralelos e opostos, na verdade o mesmo movimento que, por espelhamento, se torna outro: um, tendente à abstração, faz da *pessoa* um nome. Corresponde à identificação e reversibilidade entre a falante e o ovo. Outro, voltado para a concretude, transforma essa mal esboçada e de início apenas entrevista presença pessoal, na dona de casa-galinha, reduzida a sua "vida pessoal", o que significa um sacrifício pois "ter apenas a própria vida é, para quem já viu o ovo, um sacrifício" (p. 61). Essa então que se pessoaliza, só entende o ovo quebrado, pois precisa da gema e da clara, dualidade decorrente da ruptura da branca inteireza do ovo-origem.

O clímax dessa identificação redunda na mudança na relação com o próprio ovo. Pois se a galinha "não sabe que existe o ovo" e se soubesse "perderia o estado de galinha"; da mesma forma a falante, tornando-se galinha, não reconhece mais o objeto da visão: "a metamorfose está se fazendo em mim: começo a não poder mais enxergar o ovo". Nesse momento, o ovo perde sua dimensão de abs-

221

tração visual e se particulariza como alimento, deixa de ser comida para os olhos, para se tornar comida para a boca: "fora de cada ovo particular, fora de cada ovo que se come, o ovo não existe" (p. 60).

É agora então, como galinha, isso é, como ser particularizado, que a falante, não mais entendendo o ovo, quebra-o na frigideira: "meu sacrifício é reduzir-me à minha vida pessoal". É então que relata a condição da "maçonaria dos que viram uma vez o ovo e o renegam como forma de protegê-lo" (p. 61). Proteger esse ovo passa a ser justificativa de uma fala que se faz como disfarce e como modo paradoxal de, esquecendo o ovo, tornar possível, ao fim, sua reaparição visionária. De modo que, do começo ao fim, também o texto guarda a característica da quase circularidade do ovo: aquele que é visto "de manhã na cozinha sobre a mesa", espera apenas ser esquecido para novamente baixar de madrugada: "Sereno até a cozinha. Iluminando-a de minha palidez" (p. 66).

"Como o mundo, o ovo é óbvio" (p. 56), diz-nos alguém que sutilmente disfarça o ovo no momento mesmo em que o evidencia. Pois como se viu, o sentido usual de "óbvio" indica aquilo que se mostra evidente e de fácil compreensão. Mas a raiz latina *obvius* significa tanto aquilo "que vai ao encontro de" ou "que se encontra no caminho", como o "que avança contra" e "resiste a". Daí o verbo português "obviar", significando "desviar", "obstar", "resistir"[28]. Materialmente, o significante "óbvio", graças ao acréscimo de uma consoante ("b") e uma vogal ("i"), desvia e dificulta a evidência do "ovo". Na sua radical ambivalência, no cruzamento de opacidade e transparência, no gesto de mais disfarçar para melhor dar a ver, a Obra de Clarice – como o ovo – é óbvia.

———◆———

28. Para o adjetivo latino, ver o *Dicionário Latino-Português*, de Francisco Torrinha, 3ª ed., Porto, Ed. Maranus, 1945, p. 577. Para o verbo português, ver o citado *Dicionário Brasileiro da Língua Portuguesa*, p. 1223.

OLHO O OVO

A gênese da escritura clariciana se dá como simultaneidade e/ ou cruzamento de visão e oralidade. No capítulo 5 de *Perto do Coração Selvagem* se manifesta a metaforização entre o alimento vomitado e a elocução da palavra que formula verbalmente a morte. Assim se estabelece a condição de nascimento da escritura como consciência da mortalidade, que é ciência de si como pessoa humana. Em *A Paixão Segundo G.H.* e em "O Ovo e a Galinha", o traçado da simultaneidade ganha nitidez, sendo a compactação espácio-temporal e a fusão entre narrador e personagem resultado e condição da depuração do processo. De resto, simultaneidade e cruzamento entre oral e visual são recorrências na Obra de Clarice. Penso em "O Jantar", "A Solução", "A Repartição dos Pães", *A Hora da Estrela* e em cenas isoladas em que o tema se repõe.

Entre a obra de estréia e os textos de 1964, há o momento em que um primeiro círculo faz a volta sobre si espiralando-se, completando uma figura e se abrindo para outra. *A Cidade Sitiada* fecha o desenho iniciado em *Perto do Coração Selvagem* pelo centramento da consciência em si, vendo e se vendo. Desenho que necessitou da obra de 1949 para manifestar a experiência da consciência fora-de-si, aderida ao mundo, tornada impessoal. O ovo, a barata e Macabéa parecem ser as três grandes personagens inseminadas por Clarice na dura mas fecunda terra de *A Cidade Sitiada*.

Etc., etc., etc.

———◆———

Bibliografia

I

De Clarice Lispector

Perto do Coração Selvagem. Rio de Janeiro, A Noite, 1944.

O Lustre. Rio de Janeiro, Agir, 1946.

A Cidade Sitiada. Rio de Janeiro, A Noite, 1946.

Alguns Contos. Rio de Janeiro, Ministério da Educação e Saúde, 1952, Cadernos de Cultura.

Laços de Família. São Paulo, Francisco Alves, 1960.

A Maçã no Escuro. Rio de Janeiro, Francisco Alves, 1961.

A Paixão Segundo G.H., Rio de Janeiro, Ed. do Autor, 1964.

A Legião Estrangeira. Rio de Janeiro, Editora do Autor, 1964.

Uma Aprendizagem ou o Livro dos Prazeres. Rio de Janeiro, Sabiá, 1969..

Felicidade Clandestina. Rio de Janeiro, Sabiá, 1971.

Água Viva. Rio de Janeiro, Artenova, 1973.

A Via-crucis do Corpo. Rio de Janeiro, Artenova, 1974.

Onde Estivestes de Noite. Rio de Janeiro, Artenova, 1974.

De Corpo Inteiro (entrevistas). Rio de Janeiro, Artenova, 1975.

Visão do Esplendor. Rio de Janeiro, Francisco Alves, 1975.

A Hora da Estrela. Rio de Janeiro, J. Olympio, 1977.

Um Sopro de Vida. Rio de Janeiro, Nova Fronteira, 1978.

A Bela e a Fera. Rio de Janeiro, Nova Fronteira, 1979.

A Descoberta do Mundo. Rio de Janeiro, Nova Fronteira, 1984.

Livros infantis

O Mistério do Coelho Pensante. Rio de Janeiro, José Álvaro, 1967.

A Mulher que Matou os Peixes. Rio de Janeiro, Sabiá, 1969.

A Vida Íntima de Laura. Rio de Janeiro, José Olympio, 1974.

Quase de Verdade. Rio de Janeiro, Rocco, 1978.

II
◆

Sobre Clarice Lispector

AQUINO, Cleusa T. S. "Existencialismo e Visão Existencial no Conto "O Ovo e a Galinha" de Clarice Lispector". *Travessia 1*. Revista do curso de Pós-Graduação de Literatura Brasileira. Florianópolis, Ed. da UFSC, 2º semestre de 1980.

ARÊAS, Vilma. A Moralidade da Forma. Suplemento Literário do jornal Minas Gerais. Belo Horizonte, 19.12.1987, ano XXII.

—— "Un Poco de Sangre". *Escritura*, Caracas, Facultad de Humanidades y Educación, Universidade Central de Venezuela.

BORELLI, Olga. *Clarice Lispector – Esboço para um Possível Retrato*. 2ª ed. Rio de Janeiro, Nova Fronteira, 1981.

BRASIL, Assis. *Clarice Lispector: Ensaio*. Rio de Janeiro, Organizações Simões, 1969.

BIBLIOGRAFIA

BRUNO, Haroldo. "Hibridismo de Gêneros – Ou a Procura da Síntese Expressional". *O Estado de S. Paulo*, Suplemento Literário, 15.12.1974.

CANDIDO, Antonio. "No Raiar de Clarice Lispector". *Vários Escritos*. São Paulo, Duas Cidades, 1970.

CIXOUS, Hélène. "L'approche de Clarice Lispector". *Poétique* n. 40. Paris, Seuil, 1979.

――――. "Presença de Clarice Lispector". Entrevista a Betty Milan. *Folha de S.Paulo*, Suplemento Folhetim, 28.11.1982.

CORDOVANI, Glória Maria. *Clarice Lispector: Esboço de uma Bibliografia*. Dissertação de Mestrado apresentada à área de Literatura Brasileira da FFLCH-USP, fevereiro de 1991, sob orientação de Nádia B. Gotlib.

GOTLIB, Nádia B. "Um Fio de Voz: Histórias de Clarice". *A Paixão Segundo G.H.* Edição crítica. UNESCO, coord. Benedito Nunes. Paris, Association Archives de la littérature latino-américaine, des Caraïbes et africaine du XXe siècle; Brasília, DF, CNPq, 1988.

――――. "Às Vezes a Vida Volta". *O Eixo e a Roda. Revista de Literatura Brasileira*. Belo Horizonte, Depto. de Letras Vernáculas da Fac. de Letras da UFMG, vol. 6, julho de 1988.

――――. "Un apprentissage des sens". *Clarice Lispector – le souffle du sens. Études françaises*, Les presses de l'Université de Montréal, 1989.

――――. "O Desejo Não Mora em Casa (Alguns Espaços na Obra de Clarice)". *Tempo Brasileiro* n. 101. Rio de Janeiro, Ed. Tempo Brasileiro, abr.-jun. 1990.

HELENA, Lúcia. "O Discurso do Silêncio". *O Estado de S. Paulo*, Suplemento Literário, 11.8.1974, p. 3.

LAPOUGE, Maryvonne e PISA, Clelia. *Brésiliennes*. Paris, des Femmes, 1977.

LEITE, Lígia C.M. "Pelas ruas da cidade uma mulher precisa andar: Leitura de Clarice Lispector". *Literatura e Sociedade*, Revista do Departamento de Teoria Literária e Literatura Comparada da FFLCH-USP, São Paulo, 1996, n. 1.

LIMA, Luis Costa. "A Mística ao Revés de Clarice Lispector". *Por que Literatura*. 2ª ed. Petrópolis, Vozes, 1969.

—. *Clarice Lispector*. In: Coutinho, Afrânio (org.). *A Literatura no Brasil*. Rio de Janeiro, Sul Americana S.A., 1970, vol. 5, pp. 449-472.

LINS, Álvaro. "A Experiência Incompleta: Clarisse Lispector". *Os Mortos de Sobrecasaca – Ensaios e Estudos: 1940-1960*. Rio de Janeiro, Civilização Brasileira, 1963.

MARTINS, Maria Teresinha. *O Ser do Narrador nos Romances de Clarice Lispector*. Goiânia, Cerne, 1988.

MOISÉS, Massaud. "Clarice Lispector Contista". *Temas Brasileiros*. São Paulo, Comissão Estadual de Cultura, 1964.

—. "Clarice Lispector: Introspecção e Lirismo". *O Estado de S. Paulo*, 20.7.1991.

MOISÉS, Leyla P. "Devant la maison de Clarice". *Clarice Lispector – Le Souffle du sens. Études françaises*. Montréal, Les Presses de l'Université de 25-1. Été, 1989 - 2º trimestre.

NUNES Benedito. "O Mundo Imaginário de Clarice Lispector". *O Dorso do Tigre*. 2ª ed., São Paulo, Perspectiva, 1976.

—. *O Drama da Linguagem: Uma Leitura de Clarice Lispector*. São Paulo, Ática, 1989.

—. "Introdução" à Edição Crítica de *A Paixão Segundo G.H.* UNESCO, coord. Benedito Nunes. Paris, Association Archives de la littérature latino-américaine, des Caraïbes et africaine du XXᵉ siècle; Brasília, DF, CNPq, 1988.

OLIVEIRA, Marly de. "Sobre Clarice Lispector". *Correio da Manhã,* Rio de Janeiro, 27.7.1963.

—. "A Paixão Segundo Clarice". *Correio da Manhã*, Rio de Janeiro, 13.3.1965.

—. "Interpretação da Obra de Clarice Lispector". *Jornal do Commercio*, Rio de Janeiro, 9.1.1966.

—. "A Maçã no Escuro". *Jornal do Commercio,* Rio de Janeiro, 24.7.1966.

—. "A Cidade Sitiada", *Jornal do Commercio*. Rio de Janeiro, 17.7.1966.

OLIVEIRA, Maria Elisa de. "Clarice Lispector: Um Diálogo entre Filosofia e Literatura". *Trans/Form/Ação*. São Paulo, 11: 69- 76, 1988.

BIBLIOGRAFIA

OLIVEIRA, Solange Ribeiro de. "O Seco e o Molhado: A Transubstanciação do Regional no Romance de Clarice Lispector". *Travessia* n. 14. Universidade Federal de Santa Catarina, Florianópolis, 1º sem. de 1987.

PASSOS, Cleusa Rios P. "Clarice Lispector: Os Elos da Tradição". *Revista da USP* n. 10, 1991, jun./jul./ago., pp. 167-174.

PESSANHA, José Américo. "Clarice Lispector: O Itinerário da Paixão". *Remate de Males* n. 9, Campinas, UNICAMP-IEL, 1989, org. por Vilma Arêas e Berta Waldman.

QUIÑONEZ-GAUGGEL, María Cristina. *El Personaje Femenino Existencial en las Novelas de Clarice Lispector y Julio Cortázar.* Tese de doutorado, sem indicação de local, 1978, mimeo.

ROCA, Agustina. Resenha sobre a obra de Clarice Lispector para a publicação *Brasil*, dezembro de 1988 (documento encontrado nos arquivos de *O Estado de S. Paulo*, sem indicação sobre o tipo de periódico ou local de publicação).

SANTOS, Roberto Correa dos. *Clarice Lispector.* São Paulo, Atual, 1986, série Lendo.

SÁ, Olga de. *A Escritura de Clarice Lispector.* Petrópolis, Vozes; Lorena, FATEA, 1979.
———. "Paródia e Metafísica". *A Paixão Segundo G.H.* (edição crítica). UNESCO, coord. Benedito Nunes. Paris, Association Archives de la littérature latino-américaine, des Caraïbes et africaine du XXe siècle; Brasília, DF, CNPq, 1988.
———. *Clarice Lispector: A Travessia do Oposto.* São Paulo, Annablume, 1993.

SCHWARZ, Roberto. "Perto do Coração Selvagem". *A Sereia e o Desconfiado.* 2ª ed., Rio de Janeiro, Paz e Terra, 1981.

SIMÕES, João Gaspar. "Clarice Lispector Existencialista ou Supra-realista". *A Manhã*, Rio de Janeiro, Suplemento Letras e Artes. Ano 4º, n. 179, 1.10.1950.
———. "Clarice Lispector, Inovadora do Romance Brasileiro". *Literatura, Literatura, Literatura... – de Sá de Miranda ao Concretismo Brasileiro.* Lisboa, Portugália Editora, 1964.

SOUZA, Eneida Maria de. "O Brilho no Escuro". Apresentação da 7ª ed. de *A Cidade Sitiada*. Rio de Janeiro, Francisco Alves, 1992.

SOUZA, Gilda de M. "O Lustre". *O Estado de S. Paulo*, 14.7.1946.

———. "O Vertiginoso Relance". *Exercícios de Leitura*. São Paulo, Duas Cidades, 1980.

TREVISAN, Zizi. *A Reta Artística de Clarice Lispector*. São Paulo, Pannartz, 1987.

VASCONCELLOS, Eliane. "Clarice Lispector no Arquivo-Museu de Literatura". *Letras de Hoje*. Porto Alegre, vol. 29, n. 1, pp. 19-39, mar. 1994.

VARIN, Claire. *Clarice Lispector – Rencontres brésiliennes*. Québec, Ed.Trois, 1987.

———. *Clarice Lispector et l'ésprit des langues*. Ph. D. Dep. d'Études Françaises; Faculté des Arts et des Sciences; Faculté des Études Supérieures, Université de Montréal, setembro de 1986.

VVAA. *Remate de Males* n. 9. Número dedicado a Clarice Lispector. Campinas, UNICAMP-IEL, 1989, org. por Vilma Arêas e Berta Waldman.

VVAA. *Travessia* n. 14. Revista do curso de Pós-graduação em Literatura Brasileira – número dedicado a Clarice Lispector. Florianópolis, Ed. da UFSC, 1987.

WALDMAN, Berta. *Clarice Lispector – A Paixão Segundo C.L.*. São Paulo, Brasiliense, 1983, col. Encanto Radical.

ZILBERMAN, Regina. "A Dualidade Interior". *Correio do Povo*, Caderno de Sábado, Porto Alegre, 20.3.1971.

——— *A Possibilidade Individual.*, *Correio do Povo*, Caderno de Sábado, Porto Alegre, 27.3.1971.

Outros

BACHELARD, Gaston. *La Intuición del Instante*. Buenos Aires, Siglo Veinte, 1973.

BIBLIOGRAFIA

BAKHTIN, Mikhail. *A Cultura Popular na Idade Média e no Renascimento: O Contexto de François Rabelais*. Trad. Yara Frateschi Vieira. São Paulo, HUCITEC; Brasília, Ed. Universidade de Brasília, 1987.

BARTHES, Roland. "La metáfora del Ojo". *Ensayos Críticos*. Barcelona, Seix Barral, 1973, col. Biblioteca Breve.

———."Introdução à Análise Estrutural da Narrativa." In VVAA. *Análise Estrutural da Narrativa*. Trad. Maria Zélia B. Pinto. Petrópolis, Vozes, 1971.

BATAILLE, Georges. *La Literatura y el Mal*. Madrid, Taurus, 1971.

BENJAMIN, Walter. *Origem do Drama Barroco Alemão*. Trad., apresentação e notas de Sergio P. Rouanet. São Paulo, Brasiliense, 1984,.

CANDIDO, Antonio. *A Educação pela Noite e Outros Ensaios*. São Paulo, Ática, 1987.

CAMPOS, Haroldo de. "Miramar na Mira". In: ANDRADE, Oswald de. *Obras Completas*, Rio de Janeiro, Civilização Brasileira, vol. II, 1972.

CHAUÍ, Marilena. "A Destruição da Subjetividade na Filosofia Contemporânea". *Jornal de Psicanálise* n. 21, Ano 8, 1976.

———. *Da Realidade Sem Mistérios ao Mistério do Mundo*. São Paulo, Brasiliense, 1981.

———. *Repressão Sexual – Essa Nossa (Des)conhecida*. São Paulo, Brasiliense, 1984.

———. "Racismo e Cultura" – Aula inaugural da FFLCH-USP, Ano letivo de 1993.

COHEN, Jean. *Estrutura da Linguagem Poética*. São Paulo, Cultrix/Edusp, 1974.

DERRIDA, Jacques. "Comment ne pas parler". *Psyché: Inventions de l'autre*. Paris, Galillé, 1987.

ESPINOZA. *Ética*, Parte I, proposição XIV. S. Paulo, Abril Cultural, 1973, col. Os Pensadores, vol. XVII.

FRANK, Joseph. "La forme spatiale dans la littérature moderne". *Poétique* n. 10. Paris, Seuil, 1972.

GAGNEBIN, Jeanne Marie. "Baudelaire, Benjamin e o Moderno". *Folha de S. Paulo*. Suplemento Letras, 7.10.1989.

GALVÃO, Walnice Nogueira. *Gatos de Outro Saco*. São Paulo, Brasiliense, 1981.

GENETTE, Gerard "Fronteiras da Narrativa". In: VVAA. *Análise Estrutural da Narrativa*. Petrópolis, Vozes, 1971.

GIMFERRER, Pere. *Giorgio de Chirico*. Paris, Albin Michel, 1988, col. "Les grands maitres de l'art contemporain", version française de Robert Marrast.

HANSEN, João A. *Alegoria*. São Paulo, Atual, 1986.

HUMPHREY, Robert. *O Fluxo da Consciência – Um Estudo sobre James Joyce, Virginia Woolf, Dorothy Richardson, William Faulkner e outros*. Trad. Gert Meyer. São Paulo, McGraw-Hill do Brasil, 1976.

JAKOBSON, Roman. *Lingüística e Comunicação*. Trad. Isidoro Blikstein e José P. Paes. 2ª ed. São Paulo, Cultrix, 1969

JOYCE, James. *Retrato do Artista Quando Jovem*. Trad. José Geraldo Vieira. Rio de Janeiro, Civilização Brasileira, 1970.

KAYSER, Wolfgang. *Lo Grotesco – Su Configuración en Pintura y Literatura*. Buenos Aires, Editorial Nova, 1964.

LACAN, Jacques. "La instancia de la letra en el inconsciente". *Escritos I*. Trad. Tomás Segóvia. México, Siglo XXI, 1972.

LACOUE-LABARTHE, Philippe e NANCY, Jean-Luc. *L'Absolu littéraire – théorie de la littérature du Romantisme allemand*. Paris, Seuil, 1978, Col. Poétique.

LEFEBVRE, Henri. "O Que é Modernidade". *Introdução à Modernidade*. Rio de Janeiro, Paz e Terra, 1969.

LEFORT, Claude. "Le corps, la chair". *L'Arc* n. 46, dedicado a M.Merleau-Ponty.

BIBLIOGRAFIA

LÉVI-STRAUSS, Claude. *Antropologia Estrutural*. 2ª ed. Trad. Chaim Samuel Katz e Eginardo Pires. , Rio de Janeiro, Tempo Brasileiro, 1970.

LINS, Álvaro. *A Técnica do Romance em Marcel Proust*. 3ª ed. Rio de Janeiro, Civilização Brasileira, 1968.

LUKÁCS, G. "Alegoria y Símbolo". *Estética*. Barcelona/Mexico, D.F., Grijalbo, 1967, vol. 4.

MERLEAU-PONTY, M. *Fenomenologia da Percepção*. Trad. Reginaldo di Piero. Rio de Janeiro, Freitas Bastos, 1971.

———. *A Linguagem Indireta e as Vozes do Silêncio*. Trad. Gerardo D. Barreto. São Paulo, Abril Cultural, 1975, col. Os Pensadores, vol. XLI.

———. *O Olho e o Espírito*. Trad. Gerardo D. Barreto. S. Paulo, Abril Cultural, 1975, col. Os Pensadores, vol. XLI

———. *O Visível e o Invisível*. 2ª ed. São Paulo, Perspectiva, 1984, col. Debates.

MILLER, Jacques-Alain. *Percurso de Lacan: Uma Introdução*. Trad. Ari Roitman. Rio de Janeiro, Jorge Zahar, 1987, col. O Campo Freudiano no Brasil.

NITRINI, Sandra M. *Poéticas em Confronto: Nove, Novena e o Novo Romance*. São Paulo, HUCITEC; Brasília, INL, 1987.

NUNES, Benedito. *O Tempo na Narrativa*. São Paulo, Ática, 1988.

PAZ, Otavio. *Conjunciones y Disyunciones*. México, Ed. Joaquín Mortiz, 1969.

PESSANHA, José. Américo Motta. "Bachelard: As Asas da Imaginação". Introdução a *O Direito de Sonhar*, de Gaston Bachelard. São Paulo, DIFEL, 1985, pp. v-xxxi.

POMMIER, Gérard. *A Exceção Feminina*. Rio, Jorge Zahar, 1987.

ROBBE-GRILLET, Alain. *Por um Novo Romance*. Trad. Teixeira Coelho Netto. São Paulo, Documentos, 1969.

———. *O Ciúme*. Trad. Waltensir Dutra. Rio de Janeiro, Nova Fronteira, 1986.

ROSENFELD, Anatol. *O Teatro Épico*. São Paulo, São Paulo Editora, 1965, col. Buriti.

———. *Texto/Contexto*. 2ª ed. São Paulo, Perspectiva; Brasília, INL, 1973.

SARTRE, Jean-Paul. *A Náusea*. Trad. Rita Braga. Rio de Janeiro, Nova Fronteira, 1983.

SPIVAK, Gayatri. "Allégorie et histoire de la poésie". *Poétique* n. 8, Paris, Seuil, 1971.

TODOROV, Tzvetan. *Estruturalismo e Poética.*2ª ed. Trad. José Paulo Paes. São Paulo, Cultrix, 1971.

———. *Teorias do Símbolo*. Trad. Maria de Santa Cruz. Lisboa, Ed. 70, 1979, col. Signos.

———. *A Conquista da América – A Questão do Outro*. 3ª ed. Trad. Beatriz Perrone Moisés. São Paulo, Martins Fontes, 1991.

TORCZYNER, Harry. *René Magritte – Le veritable art de peindre*. Paris, Draeger, 1978.

———. *O Olhar*. São Paulo, Companhia das Letras, 1988.

———. *Tempo Brasileiro* n. 104. Rio de Janeiro, Tempo Brasileiro, jan.-mar. 1991.

———. *Tempo e História*. São Paulo, Secretaria Municipal de Cultura/Companhia das Letras, 1992, org. Adauto Novaes.

WEINER, Jonathan. *O Planeta Terra*. Trad. Gradiva Publicações. São Paulo, Martins Fontes, 1988.

WOOLF, Virgínia. *Um Teto Todo Seu*. Trad. Vera Ribeiro. Rio de Janeiro, Nova Fronteira, 1985.

ESTUDOS LITERÁRIOS

1. *Clarice Lispector. Uma Poética do Olhar*
   Regina Lúcia Pontieri

2. *A Caminho do Encontro. Uma Leitura de* Contos Novos
   Ivone Daré Rabello

3. *Romance de Formação em Perspectiva Histórica.*
   O Tambor de Lata *de G. Grass*
   Marcus Vinicius Mazzari

4. *Roteiro para um Narrador. Uma Leitura dos Contos de Rubem Fonseca*
   Ariovaldo José Vidal

5. *Proust, Poeta e Psicanalista*
   Philippe Willemart

Título	*Clarice Lispector:*
	Uma Poética do Olhar
Produção	Ateliê Editorial
Projeto Gráfico	Ateliê Editorial
Capa	Lena Bergstein (desenhos)
	Plinio Martins Filho e
	Tomás B. Martins (criação)
Composição e Artes	Studium Generale
Revisão	Ateliê Editorial
Formato	13 x 20,5 cm
Papel de miolo	Pólen Soft 80 g/m²
Papel de capa	Cartão Supremo 250 g/m²
Tiragem	1000
Fotolitos	Macin Color
Impressão	Lis Gráfica